Karlheinz A. Geißler

Die Uhr kann gehen

Karlheinz A. Geißler

Die Uhr kann gehen

Das Ende der Gehorsamkeitskultur

S. Hirzel Verlag

Bibliografische Information der Deutschen Nationalbibliothek
Die Deutsche Nationalbibliothek verzeichnet diese Publikation in der Deutschen Nationalbibliografie; detaillierte bibliografische Daten sind im Internet unter https://portal.dnb.de abrufbar.

ISBN 978-3-7776-2788-5 (Print)
ISBN 978-3-7776-2796-0 (E-Book, PDF)

Birkenwaldstraße 44, 70191 Stuttgart
Printed in Germany

Einbandgestaltung: deblik, Berlin
Umschlagabbildung: Yulia Glam, Vectorstock
Satz: abavo GmbH, Buchloe
Druck und Bindung: Kösel, Krugzell

www.hirzel.de

Sag mir, wer einst die Uhren erfund

Sag mir, wer einst die Uhren erfund,
die Zeiteinteilung, Minuten und Stund?
Das war ein frierend trauriger Mann.
Er saß in der Winternacht und sann,
und zählte der Mäuschen heimliches Quicken
und des Holzwurms ebenmäßiges Picken.

Sag mir, wer einst das Küssen erfund?
Das war ein glühend glücklicher Mund;
Er küsste und dachte nichts dabei.
Es war im schönen Monat Mai,
Die Blumen sind aus der Erde gesprungen,
Die Sonne lachte, die Vögel sungen.
(Heinrich Heine)

Inhalt

Die Uhr hat ihre Schuldigkeit getan – die Uhr kann gehen 9

Teil I Uhrendämmerung

Die Zeiten ändern sich 14

Fraglose Zeit? 19

Auch die Uhr geht mit der Zeit 22

Uhren auf dem Rückzug 28

Traurige Heldenfigur 30

Stürzende Zeiger 33

Aufstieg und Fall 35

Befreiung von den Zwängen der Natur 43

Thronwechsel 46

Das Ende der Uhr ist nicht das Ende der Zeit 50

Blick in den Rückspiegel 59

Uniformierte Zeit 69

Taktlos 73

Verblassendes Vor-„Bild“ 83

Der Mensch als Industriepalast 87

Uhren: geschenkt 92

Diktatorin der Zeit 96

Flucht ins Übergewicht 99

Nichts mehr auf die Reihe 104

Entprogrammierung ... 111
Programm-Medien ... 111
Fahrpläne ... 113
Lehr- und Stundenpläne ... 115
Und trotzdem: Die Uhr geht nach wie vor ... 118
Entwarnung! ... 128

Teil II Wie kommt der Kuckuck in die Uhr?

Teil III Am Punkt

„Komm wann du willst – aber bitte pünktlich!" ... 146
Erfindung des pünktlichen Menschen ... 147
Eine sehr kurze Geschichte der Pünktlichkeit ... 150
Brauchbare und pflichttreue Untertanen ... 153
„Pünktlichkeit“: eine Bestimmung ... 159
Herrschaftsmittel „Pünktlichkeit“ ... 162
Spezialität aus Deutschland ... 167
Anruf genügt ... 173
Am Punkt ... 177
Mit dem Rücken zur Uhr ... 186

Immer am Zug: Exkursion ... 189

Kurz und bündig ... 192

Die Uhr hat ihre Schuldigkeit getan – die Uhr kann gehen

Uhren sind langweilig. Sie können nur zwei Dinge: Stehen oder Gehen. Anderes haben sie sich während ihres 600-jährigen Wirkens nicht einfallen lassen. Das ändert sich gerade. Die Uhren werden kreativ, gehen neue Wege und sie verraten uns, worüber sie sich bisher ausgeschwiegen haben, wohin sie gehen wenn sie gehen. Die Uhren gehen heute in Rente. Sie lassen sich immer seltener sehen, verabschieden sich. Sie tun dies mal laut, mal leise, mal diskret und hin und wieder auch auf indiskrete Art.

Über lange Zeiten gingen die Uhren, weil man sie brauchte. Jetzt gehen sie, weil man sie nicht mehr braucht.

Der Mensch besitzt bekanntlich keinen Zeitsinn. Ein Mangel, der ihn zwingt, sich von der Zeit Bilder zu machen. Es sind Vorstellungen, die nicht nur Vorstellungen bleiben, sondern auch das Zeithandeln prägen und beeinflussen. Diese Bilder haben sich im Laufe der Menschheitsgeschichte immer wieder verändert. Als Urheber und Initiatoren dieser Veränderungen taten sich ganz unterschiedliche Mächte hervor: die Kirchen, die weltliche Herrschaft, besonders aber einflussreiche Personen, die im Bereich der Wirtschaft das Sagen hatten. Händler, Handwerker, Geldverleiher und später dann Unternehmer waren es in erster Linie, die für die Verbreitung und die Akzeptanz des Uhrenvorbildes sorgten. So kommt es, dass die, die in den letzten 500 Jahren im Abendland nach einem Vorbild Ausschau hielten, an dem sie ihr Zeitleben orientieren konnten, regelmäßig auf die Uhr, ihren Takt und den Lauf der Zeiger verwiesen wurden. Das führte schließlich zur Verwechslung von Uhr und Zeit und zu Zeiterfahrungen, die, wenn sie mit der mechanisch hergestellten Zeit der Uhr nicht in Einklang standen, zu Zeitproblemen erklärt und gemacht wurden. Keine Macht in unserer Gesellschaft ist wirkmächtiger als die Uhr. Der „Ernst des Lebens" trägt also einen Namen: „Uhrzeit". Und es ist jene Uhrzeit, die für die vielen Zeitprobleme verantwortlich gemacht werden kann, die abzuschaffen sie und ihre Förderer einstmals versprachen.

Was eine Uhr ist, wissen wir. Wir wissen auch, dass wir ohne sie leben können – und das nicht unbedingt schlechter. Was Zeit ist, wissen wir nicht, wissen aber, dass wir ohne sie aus dem Gästebuch der Lebenden gestrichen werden.

Gegenwärtig sind wir zugleich Zeugen, Täter und Opfer eines Prozesses, in dem die am Vorbild Uhr ausgerichtete und stabilisierte Zeitordnung an Gestaltungskraft und Wirkmächtigkeit einbüßt. Es sieht so aus, als ginge unsere erzwungene Freundschaft mit der Uhr heute zu Ende. Auf den ersten Blick klingt das bedrohlich. Auf einen zweiten hingegen ganz und gar nicht.

Sind wir mit der Uhr am Ende, eröffnen sich nämlich neue, bisher ungeahnte Möglichkeiten des Zeitlebens. So ist es wahrscheinlich, dass wir, wenn die Uhren den Thron der Zeitmacht verlassen und ihren Einfluss bei der Gestaltung des Daseins verlieren, erfahren werden, dass Zeit etwas völlig anderes ist als das, was wir so nennen. Erst wenn die Uhrendiktatur ein Ende hat, die Chronometer, die die Zeiten pünktlich gemacht haben, nur mehr einen geringen Einfluss auf unser Zeitleben haben, werden wir erkennen und erleben, dass es attraktive Alternativen zu jener Zeitexistenz gibt, die wir praktizieren und für selbstverständlich halten.

In der auf Digitalisierung setzenden Gesellschaft des 21. Jahrhunderts zeigen sich tiefgreifende Verschiebungen im Umgang mit Zeit. Es dämmert (Teil I). Schreibmaschinen verlassen die

Bürowelten, der Takt verabschiedet sich aus dem Arbeitsalltag und die Uhren aus dem öffentlichen Raum. Ihr Rückzug gehört zu den bis zu den Gewohnheiten, Gesten und Empfindungen reichenden Veränderungen in Wirtschaft, Kultur, Arbeit und Alltagshandeln, die den Wandel von der industriellen zur digitalen Gesellschaft begleiten. Auffällig sind:

- von der Standardisierung zur Flexibilität
- vom Eins-nach-dem-anderen zur Gleichzeitigkeit
- von der Uhr zum Mobiltelefon
- vom Greifen zum Drücken
- von der Putzfrau zum Reinigungsmanagement
- vom Fahrrad zum E-Roller

Zusammen mit den Uhren ist auch die Tugend „Pünktlichkeit" auf dem Rückzug. Lange Zeit war es im mitteleuropäischen Kulturraum nicht vorstellbar, als verbindlicher Zeitgenosse zu gelten, wenn man bei Verabredungen nicht pünktlich war. Das kann man sich mittlerweile leisten, ohne Konsequenzen befürchten zu müssen. Man kann heute – Anruf genügt – unpünktlich sein und trotzdem verbindlich. Wichtiger als eine Uhr am Handgelenk ist ein griff- und funktionsbereites Telefon.

Auch in anderen Bereichen und Situationen spielen die Uhr und die Pünktlichkeit eine immer geringer werdende Rolle. In die Ferne sieht man on demand, Zeitungsartikel liest man im zeitlosen Internet, Radiosendungen hört man als Podcast lange nach deren Ausstrahlung. Alles das lässt sich auch ohne Uhr machen. Man braucht dazu keinen Chronometer, auch keinen Zeittakt, und pünktlich muss man auch nicht sein. Pünktlichkeit ist ein Diktat der Uhrzeit, und wie es aussieht, laufen die Imperative dieser Diktatorin immer häufiger ins Leere (Teil III).

Trotzdem: Uhren wird es weiterhin geben und man kann sich auch in Zukunft auf rechtzeitiges Erscheinen von Mitmenschen verlassen. Was Uhren betrifft, so entziehen sich diejenigen, bei denen der Kuckuck meldet, was die Stunde geschlagen hat, der Dämmerung. Aus Gründen, die im Teil II im Detail erläutert werden, werden sie weiterhin von den hellen Scheinwerfern des Erfolgs bestrahlt.

Teil I
Uhrendämmerung

Die Zeiten ändern sich

Dass sich die Zeiten ändern, ist nun wirklich keine allzu originelle Nachricht. Was aber verändert sich eigentlich, wenn sich die Zeiten ändern? Die Antwort: das ganz normale Leben. Man verändert sich selbst, es verändern sich die Dinge, das Geschehen, die Gewohnheiten und die Gesten. Anders wird auch, was wir für „privat" halten und das, was wir „Öffentlichkeit" nennen. Verwundert und irritiert stellt man eines Tages fest, dass die Bürgersteige voller telefonierender Personen sind und in Cafés und Restaurants junge Menschen sitzen, die mit gesenktem Kopf auf Displays schauen und Tastaturen bearbeiten. Wo sich auf Innenstadt-Plätzen früher einmal Sitzgelegenheiten befanden, auf denen man sich von der Hast urbaner Geschäftigkeit erholen konnte, stehen heute Stühle, Bänke und Tische, die zu Konsum – draußen nur Kännchen – verpflichten. Und immer wieder laufen einem gehetzt wirkende Passanten über den Weg, reden ohne Unterlass mit ihren smarten Telefonen und rempeln dabei, ohne sich zu entschuldigen, Mitpassanten an. Annähernd ganz verschwunden aus dem urbanen Raum sind Fußgänger, die nach dem Weg fragen oder sich nach der Uhrzeit erkundigen. Der öffentliche Raum hat an Aufenthaltsqualität verloren und an Durchgangscharakter gewonnen. Er ist zwar nicht sprachloser, aber hörbar frageloser geworden.

Mit den Zeiten ändert sich auch das Zeitprofil dessen, was wir Alltag nennen. Das Zeithandeln ändert sich, das Zeitdenken und auch das Zeitverständnis sind im Wandel begriffen, und der Umgang mit Zeit zeigt tief greifende Umformungen. So wenig stabil wie die Zeitwahrnehmung sind die Vorstellungen und die Bilder, die wir uns von dem machen, was wir „Zeit" nennen. Instabil ist auch die Ordnung, die wir dem Zeitlichen geben. Nicht ohne diese Veränderungen zu beeinflussen und von ihnen beeinflusst zu werden, sorgen neue Techniken und Technologien, bisher unbekannte Geräte und Instrumente für einen sich stetig wandelnden Umgang mit der Zeit und dem Zeitlichen.

In dieser sich kontinuierlich wandelnden Zeitwelt sind die Menschen zugleich Täter, Betroffene, Opfer und Zeugen einer Dynamik, in der die seit annähernd 600 Jahre herrschende Vorstellung von Zeit als einer Abfolge von Zeitpunkten, wie die Uhr dies vorgaukelt, mehr und mehr verblasst. Bis zum Ausklang des Mittelalters waren es vor allem Signale der Natur, die Zeichen ihres rhythmisch pulsierenden Werdens und Vergehens, an denen sich die Menschen in ihrem alltäglichen Zeithandeln orientierten. Sie waren, bis dann um das Jahr 1500 vornehmlich in den Handelsstädten Norditaliens und Mitteleuropas die Veruhrzeitlichung der Bevölkerung vorangetrieben wurde, Leitbild für die Zeitordnung und zugleich Muster der Zeitorganisation. Sie prägten den Rhythmus des Lebens und des Arbeitens und hielten eine enge Verbindung mit der lebendigen Welt aufrecht. Die Menschen lebten in der von Gott geschaffenen Natur und mit ihr und ließen sich vom Echo der Naturereignisse in ihrem Tun und Lassen lenken. Die Landbewohner gingen mit den Hühnern schlafen und ließen sich vom frühmorgendlichen Hahnenkrähen, der poetischsten und nahrhaftesten aller Zeitansagen, wieder aus dem Bett vertreiben. Nicht beschleunigbare Rhythmen und Zyklen, an vielen Orten auch durch Glockensignale hörbar gemacht, organisierten nicht nur den Alltag, sondern prägten auch die Zeitwahrnehmung der Menschen zu dieser Zeit.

Ein Vergnügen war dieses alternativlos vom Hell-Dunkel-Wechsel des Tageslaufs und dem Gang der Jahreszeiten formatierte Dasein eher selten. All das änderte sich mit beginnender Renaissance, als die Menschen zögerlich damit anfingen, sich für ihr Glück und ihre Lebensumstände selbst verantwortlich zu fühlen, um die Veruhrzeitlichungsgeschichte von da an zu einer weltweiten Ermächtigungsgeschichte zu machen.

Die neue Zeit, konsequent „Neuzeit" genannt, begann mit jener Epoche, der die Historiker des 19. Jahrhunderts im Nachhinein den Namen „Moderne" gaben. Die von der mechanischen Uhr hergestellte quantitative Uhrzeit wurde zur kopernikanischen Wende der Zeitwahrnehmung und des Umgangs mit Zeit. Zeitpunkte, eben das nennen wir Moderne, ersetzten die Zeitrhythmen. Die an der Uhr abgelesene Zeit wurde immer mehr zum Leitbild des Zeitlebens und des Zeiterlebens. Die Arbeitenden wurden zu Soldaten der Zeit gemacht, die Uhren zu ihren Kasernen, der Takt und die Pünktlichkeit zu ihren Waffen.

Tätigkeiten, Maßnahmen und Pläne wurden zunehmend zeitlich exakter aufeinander abgestimmt, Aktivitäten mehr und mehr mit der Uhrzeit synchronisiert und Arbeitsabläufe nach dem Muster ineinandergreifender Räder von Uhrwerken miteinander verzahnt. Den Glockenschlägen folgend, begann man die Stunden, die standardisiert und zu gleich langen, konkret: zu 60-Minuten Stunden gemacht worden waren, zu zählen. Nicht lange danach bekam – man hatte die Minuten erfunden – die Uhr einen zweiten Zeiger und nur wenige Jahrzehnte danach zerteilte man die Minuten dann weiter in Sekunden. Damit war die Zeit klein gehackt, der Alltag war zu einem Uhrzeitalltag und das Leben zu einem Steigerungsleben geworden. Vom frühmorgendlichen Aufstehen bis zum Zubettgehen folgte das soziale Zusammenleben Zeitregeln, die dem Lauf und dem Takt der Uhrzeiger gehorchten. Um das Alltagsleben dieser umfassenden Veruhrzeitlichung unterwerfen zu können, wurde die Bevölkerung bereits von klein auf – man nennt dies Erziehung – zu vertakteten und durch Maßnahmen der Dressur zu pünktlichen Zeitgenossen gemacht. Diese Uhrzeit-Lebensform ist es auch, die den Menschen, ganz besonders den industrialisierten Menschen des 18./19. Jahrhunderts, eine Menge neuer Zeitfreiheiten, andererseits aber auch nicht wenig neue Zeitzumutungen beschert hat.

Hätte die Uhr das Licht und die Zeit der Welt nicht erblickt, dann wäre die Menschheit niemals in den knappen Zeiten der Moderne angekommen – und sie hätte zu keiner Zeit die Erfahrung machen können, dass die Beschleunigung des Lebens zu weniger und nicht zu mehr Zeit führt. Die Uhr ist ohne Zweifel eine der großen Heldenfiguren der Moderne. Heute jedoch ist sie eine Heldin auf dem Rückzug. Die Zeitleier ist verstimmt, sie muss neu gestimmt werden. In diesem Zusammenhang wird das Korsett der Uhrzeit durch die luftigere Kleidung der Zeitflexibilität ersetzt. Die über Jahrhunderte eingeübte Geste des schnellen Blicks auf die Uhr – er wurde im Laufe der Zeit automatisiert – wandert, dabei eine weitere Spirale der Ermächtigungsdynamik in Gang setzend, auf die berührungssensiblen Bildschirme smarter Minicomputer. Auch diese Entwicklung ist eine Fortsetzung des groß angelegten, vom Menschen in Gang gesetzten Experiments, Macht und immer mehr Macht über die Zeit zu erlangen.

Wir sind heute Zeugen, Opfer und Täter einer Dynamik, in der die zeitliche Vergemeinschaftung durch die Uhr, deren Zeit und ihren Takt einen rapiden Rückgang erfährt. Mit dem noch nicht lange zurückliegenden Anlauf auf das dritte nachchristliche Jahrtausend geriet das Zeitordnungsmodell des „Eins-nach-dem-anderen“ der linearen Uhrzeit ins Stottern und wurde von den Zeitordnungsprinzipien der Gleichzeitigkeit und des Nonstop abgelöst. Informationen werden mit der nicht mehr weiter steigerbaren Lichtgeschwindigkeit in einem begrenzten globalen Raum transportiert. Alles Wissen ist jederzeit und überall gleichzeitig verfügbar. Globaler als global kann's nicht mehr werden und schneller als sich das Licht fortbewegt auch nicht. Einmal in weniger als einer Sekunde um die Welt, das ist heute Alltag. Statt Uhrengehorsam, Pünktlichkeit, Schönschreiben und Geradesitzen wurden Flexibilität, Verdichtung und Beschleunigung zu Karriere- und Erfolgsgaranten. Nicht mehr länger ist es die Uhrzeit, der man in den hochbeschleunigten Umgebungen ausschließlich folgt, es sind viele Zeiten, unterschiedliche Zeitmuster und relativ rasch wechselnde Zeitqualitäten, die nebeneinander existieren und die dem Zeithandeln als Richtschnur dienen. Vor allem ist es die technologische Beschleunigung, die unsere Zeitwahrnehmung, unsere Zeitvorstellung und unser Zeithandeln in nur wenigen Jahrzehnten radikal verändert hat.

Die Uhrzeit – so lautet die zugegeben etwas steile These dieses Buches – verlässt die Komfortzone ihres langdauernden Monopols. Zwar wird die Uhrzeit auch in der Zukunft im Zeitspektrum des Alltagshandelns weiter eine wichtige Rolle spielen, sie bekommt aber, was die Organisation des Zeitlebens anbelangt, starke Konkurrenz, verliert an Einfluss und Wirkung und wird immer mehr und immer öfter zu einer Zeit neben anderen. Die Uhr ist kein prinzipiell unentrinnbares Schicksal mehr. Nicht die Zeit, aber die Uhrzeit gerät aus ihren angestammten Fugen. Und so ist es denn keine Überraschung, dass sich mit dem Ende des zweiten nachchristlichen Jahrtausends ein deutlicher Einflussverlust der Uhr und ihrer Zeigerzeit auf das alltägliche Zeitgeschehen erkennen und feststellen lässt. Es handelt sich dabei jedoch nicht um einen Verfall unseres traditionellen Zeithandelns, es handelt sich vielmehr um seine umfassende Transformation.

Zur Beschreibung dieser Entwicklung wird der Begriff der „Uhrendämmerung“ angeboten. „Dämmerung“ nämlich nennen wir in der deutschen Sprache zeitliche Zustände des übergänglichen Dazwischen. Während der im Tagesablauf zweimal aufkommenden Dämmerung, der Abend- und der Morgendämmerung, lösen sich die Gewissheiten des Tages bzw. der Nacht aus ihrer Verankerung und setzen sich in Bewegung. Helles wird dunkel und Dunkles hell. Die gewohnten Sicherheiten geraten in dieser Phase des Übergangs ins Schlingern. Das tun sie auch in den Zeiten der Uhrendämmerung. Im Reich dämmriger Uneindeutigkeiten verliert das Zeitvorbild Uhr seine Konturen und seinen Einfluss aufs Zeithandeln. Wie in der Abenddämmerung der lichte Tag seinen Thron verlässt und in die Nacht gleitet, so bewegt sich auch die Uhr von einer hellen in eine dunkle Zukunft.

Fraglose Zeit?

„Wie sich die Zeiten ändern!" ist die ebenso triviale wie strapazierte, aber stets mit erstauntem Ton artikulierte Erkenntnis, um die man als spätmoderner Zeitgenosse vor allem dann nicht herumkommt, wenn man die 40 überschritten hat. Dazu zählt dann auch die Erfahrung in den Städten, auf Straßen und Plätzen und beim Warten auf öffentliche Verkehrsmittel, nur mehr selten, jedenfalls deutlich seltener als zu Zeiten, da das Telefon noch an der Schnur hing, nach der genauen Uhrzeit gefragt zu werden. Vor der erst kurz zurückliegenden Jahrhundertwende war das noch anders. Lief man, schlenderte, bummelte man durch städtische Straßen, verweilte man auf belebten Plätzen, musste man immer damit rechnen, von Passanten angesprochen zu werden: „Entschuldigen Sie, könnten Sie mir vielleicht sagen, wie viel Uhr es ist?" Das geschieht heutzutage nur noch ganz selten und führt bei den Angesprochenen in den meisten Fällen zu Irritationen. Auch nach dem Weg fragt niemand mehr und noch seltener, nachdem das Rauchen gesellschaftlicher Ächtung anheimfiel, nach „Feuer". Kein Passant mehr unterbricht seinen Lauf für eine kurze Kontaktaufnahme, um sich zeitlich oder räumlich zu orientieren. Der nach der Uhrzeit fragende *Homo sapiens* verschwindet aus dem Stadtbild. Er wird von dem entrückt auf die berührungssensible Benutzeroberfläche seines Smartphones starrenden Zeitgenossen, der im 21. Jahrhundert zu einem Echtzeitgenossen mutiert ist, ersetzt.

Was ist passiert, was geschehen? Ausschließen lässt sich, dass sich niemand mehr erkundigt, weil jeder und jede zu jeder Zeit und überall über die aktuelle Uhrzeit informiert ist. Realistischer ist die Erklärung, dass die Uhrzeit, vor allem was die Organisation des öffentlichen Lebens betrifft, an Einfluss verloren hat. Die Zeiten wurden flexibilisiert und von den Uhrzeitstandards befreit, die Zeitvorgaben wurden elastischer, die Taktfolgen des öffentlichen Verkehrs dichter. Alles Entwicklungen, die die Macht und den Einfluss der Uhrzeit im städtischen Alltagsleben verringern. Warum also noch fremde Menschen auf der Straße ansprechen und nach der aktuellen Zeit fragen, wenn die gesetzlich vorgeschriebenen Ladenschlusszeiten abgeschafft wurden, die U-Bahn alle fünf Minuten verkehrt und der Bankomat auch um Mitternacht Geld ausspuckt?

Was für die Zeitkommunikation im öffentlichen Raum zutrifft, gilt ebenso für den traditionellen Dienst der telefonischen Zeitansage. Auch diese wird, werden die Zeiger nicht gerade mal eben wieder von Normal- auf Sommerzeit umgestellt, immer seltener bemüht, wenn's darum geht, in Erfahrung zu bringen, wie spät es ist. Wählt man die zur Zeit gültige Rufnummer, wiederholt eine weibliche Stimme die jeweils aktuelle Uhrzeit im Zehn-Sekunden-Takt mit den Worten: „Beim nächsten Ton ist es 14 Uhr, 32 Minuten und 10 Sekunden – Piep." Bis spät in die 80er-Jahre war die heute nur noch Nostalgikern bekannte Telefonansage die meistgewählte Nummer und hat der damaligen Deutschen Bundespost richtig viel Geld eingebracht. Den Service der telefonischen Zeitansage, er wurde bereits 1928 eingeführt, bietet die Deutsche Telekom bis in diese unsere aktuelle spätmoderne Gegenwart an. Und bis heute ist es eine freundliche weibliche Stimme, die den Stand der Uhrzeit alle zehn Sekunden aktualisiert. Vielleicht ist ja gerade diese heute nur mehr selten erlebbare lang anhaltende Kontinuität der Grund, dass es immer noch Zeitgenossen gibt, die das Telefon in die Hand nehmen, um die Nummer der Zeitansage zu wählen. Die verspricht ihnen nicht nur die genaue Uhrzeit, sie liefert ihnen diese auch. Nostalgische Motive, das ist anzunehmen, werden diesen Service auf die Dauer jedoch nicht retten. Rechnen muss man damit, dass die telefonische Zeitansage spätestens in einigen wenigen Jahren irgendwo in den Flatrate-Kontingenten verloren geht, zumal es bereits heute bei ihr dämmert.

Verlorengegangen und nur noch in älteren Schwarzweißfilmen und im Theater erlebbar ist die ehemals im gehobenen männlichen Bürgertum verbreitete Geste der aus der Westentasche gezogenen Taschenuhr. Die für die stressige Jagd von einem Schnäppchen und einem Event zum anderen notwendige Gebärde des zeitsparenderen Blicks auf die Uhr am Unterarm hat sie abgelöst. Und darüber hinaus ist mit dem dreiteiligen Anzug dann schließlich auch die Uhr an der Kette aus dem Gestenrepertoire des bürgerlichen Mannes verschwunden.

Ganz und gar unwahrscheinlich jedoch ist es, dass die Funktionsermüdung der Uhr auf die Vorbildwirkung von Robert Walsers Selbstermahnung zurückzuführen ist: „Ich sollte eigentlich nicht so viel auf die Uhr schauen, das kann nicht gesund sein."

Folgenreicher, weil bedrohlicher für den Fortbestand und den Zusammenhalt der Gesellschaft als der Verzicht auf die fernmündliche Zeitmitteilung, ist die Einstellung der „nahmündlichen" privaten Zeitansage im öffentlichen Raum.

Zumal die Frage: „Entschuldigung, könnten Sie mir bitte sagen, wie viel Uhr es ist?“, immer eine der harmlosesten und am wenigsten aufdringlichen Strategien und Scheingründe war, um in der Öffentlichkeit mit fremden Personen in Kontakt zu kommen. Es beginnt mit der Zumutung, geplagt von hohem Termindruck an einer Haltestelle auf einen verspäteten städtischen Bus warten zu müssen. Man fragt, die Zeit drängt, eine der Mitwartenden nach der Uhrzeit – und da sich der Bus immer noch nicht sehen lässt, kommt man über die erbetene Auskunft hinaus ins Plaudern. Als dann irgendwann der Bus doch noch kommt, ist man bereits beim Austausch der Telefonnummern. Eine Fortsetzung findet das Haltestellengespräch schließlich eine Woche später beim Abendessen in einem netten italienischen Lokal. Und kaum ist ein Jahr vergangen, ist man schon zu dritt. Das ist kein Einzelfall. So ist es denn auch nicht verwunderlich, dass sich Demografen und Politiker über das Bestandserhaltungsniveau der Bevölkerung Sorgen machen – und möglicherweise liegt es an dem Sachverhalt, dass immer weniger Passanten in der Öffentlichkeit mit anderen in Kontakt kommen, um von ihnen die exakte Uhrzeit zu erfragen.

Auch die Uhr geht mit der Zeit

Der Welt mangelt es an vielem, an Uhren, Tempo und Geschwindigkeitsübertretern hat sie jedoch nicht zu wenig. Es sagt etwas über das Zeitverständnis und das Zeithandeln einer Gesellschaft, wenn die Mehrzahl jener Kinder, die man bittet, ihre Vorstellungen von Zeit zu malen, eine Uhr zeichnet. Die Uhr und ihre Zeigerzeit gehören seit ihrer Erfindung und ihrer extrem raschen Verbreitung zu jenen Dingen, die zur Normalität unseres Daseins gehören. In Europa haben die Mächtigen und Einflussreichen in der Uhr vor allem ein wirkmächtiges Instrument gesehen, mit dem sie ihre zeitlichen Ordnungsinteressen in der Bevölkerung durchsetzen konnten. Dass Uhrzeit etwas mit Ordnung zu tun hat, belegt unter anderem die im 19. Jahrhundert zur Sicherung der Nachtruhe eingeführte und heute gelockerte Institution der „Polizeistunde". Es sind die vertaktete Uhr und deren Zeiger-Zeit, die von Politikern und Verwaltungsfachleuten bis in die Gegenwart als Mittel zur rationalen Organisation des sozialen und des öffentlichen Lebens eingesetzt werden. Über diesen Weg wurden die Uhr, ihre Zeit und ihr Zeitmuster Takt zu gesellschaftlichen Autoritäten. Das geschah auch, weil Kaufleute und Handwerker in ihnen äußerst nützliche Instrumente sahen, ihre geschäftlichen Belange genauer und effizienter planen, organisieren, kontrollieren und synchronisieren zu können.

Auch wenn die mechanische Uhr, wie angedeutet, heute bei der Gestaltung der sozialen und der individuellen Zeitverhältnisse an Einfluss und Wirkungskraft einbüßt, leben wir immer noch in einer von ihr und ihren Prinzipien umfassend geprägten Gesellschaft. Man kann diese unsere Gesellschaft so lange eine „Uhrzeitgesellschaft" nennen, wie ihre Mitglieder der Uhr eine privilegierte Nähe zu dem, was zeitlich geschieht, unterstellen und aus diesem Grund Fragen, die das Zeitliche betreffen, mit routiniertem Blick auf diese beantworten. Von dieser Normalität eines Lebens mit der Uhr, die für kritische Zeitgenossen mit einer Leidenschaft zum distanzierten Beobachten und Bewerten immer schon mehr skurril als normal war, verabschiedet sich das 21. Jahrhundert sukzessive. Die Zeit der Uhren läuft ab. Die Uhr kann gehn – das aber ganz anders, als die Uhrmacher sich das vorgestellt haben. Wie dem Autoreifen die Luft, entweicht der Uhr die Zeit. Die Zahl der Personen, die erkannt haben, dass ein Leben ohne Uhr möglich, eventuell sinnvoll und ganz vielleicht sogar vernünftig ist, wächst.

Die Zeitgenossen, die die Zeichen zur Kenntnis genommen haben und sie zu deuten wissen, kommen, mal mit mehr, mal mit weniger großem Erstaunen zu dem Ergebnis, dass sich beim Umgang mit der Zeit und bei den Geräten und Hilfsmitteln, die sie dabei begleiten, seit einigen Jahren etwas Entscheidendes verändert. Sie selbst sind Zeugen, Mittäter, Opfer und Komplizen eines gravierenden Strukturwandels des Zeithandelns und des Zeitverhaltens. Dieser Zeitenbruch bildet sich im öffentlichen Raum ab. Ausgehend von den Stadtstaaten Norditaliens haben ab Mitte des 14. Jahrhunderts große und kleine, protzige und bescheidene, komplizierte und schlichte Uhren an prominenten kommunalen Gebäuden, an Kirchtürmen, Rathäusern, Markthallen für eine relativ exakte Zeitorientierung der Bevölkerung gesorgt. Es ist in erster Linie diese lange, 500-jährige Tradition öffentlicher Zeitansage, die sich ihrem Ende nähert. Es gibt gute Gründe, diese Entwicklung „dramatisch" zu nennen. Und doch stellt man erstaunt und auch etwas befremdet fest, dass dieser Wandel bei den Betroffenen weder Aufsehen erregt noch große Aufmerksamkeit auf sich zieht.

Die Uhrendämmerung vollzieht sich zwar öffentlich, geschieht aber, so der Eindruck, klammheimlich im Halbdunkel dessen, was wir uns seit 250 Jahren angewöhnt haben „Fortschritt" zu nennen.

Zu jenen Zeiten, als man sich der Zeit übers Ohr und dem Stundenschlag der Turmuhren näherte und die Bedeutsamkeitsvielfalt des Glockengeläuts zu schätzen wusste, als das Ticktack der Schlaguhren die Zeiten des Alltags ordnete und begleitete und als man zum Briefeschreiben noch Federn in Tinte tauchte, hatten auf Bahnsteigen und an den Außenfassaden von Bahnhofsgebäuden große und gut sichtbare Uhren die prominentesten Plätze inne. Die kurz vor der Jahrtausendwende erfolgte Privatisierung der Bahn und der sich daran anschließende Verkauf vieler Bahnhofsgebäude an private Bieter führte schließlich dazu, dass eine große Zahl der Uhren von den Bahnhöfen verschwand, auch wenn diese noch voll funktionsfähig waren. Darüber hinaus verzichtet man an den Verkehrsknotenpunkten des 21. Jahrhunderts, es sind vor allem die Flughäfen, in unauffälliger Art und Weise auf gut sichtbar installierte Uhren. An, aber auch in den himmelwärts strebenden Kathedralen der Dienstleistung, in den die Kirchtürme an Höhe weit überragenden Verwaltungsgebäuden des Bank- und des den barmherzigen Gott überflüssig machenden Versicherungsgewerbes, sucht man vergeblich nach Zeitzeichen, Zeitsignalen und Zeitanzeigern, die Orientierung versprechen.

Zwei Jahre vor der Jahrtausendwende (1998) setzte der ehemals weltweit führende Hersteller von Stechuhren, die Firma IBM, ein deutliches Zeichen und ließ in ihren Niederlassungen die Kontrolluhren zur Arbeitszeiterfassung wieder abmontieren. Ein Beispiel, dem inzwischen viele Unternehmen gefolgt sind. Einige von ihnen sind sogar darüber hinausgegangen und haben die Uhren von den Bürowänden und auf den Fluren entfernt. Auch die Administrationen größerer Kommunen arbeiten der Uhrendämmerung zu und verzichten auf die einstmals selbstverständliche Installation von Uhren an U-Bahn-Eingängen und montieren die ab, die sie einige Jahre zuvor aus guten Gründen dort angebracht hatten.

Ein nicht weniger aussagekräftiges Indiz für die Gleichgültigkeit, mit der man Uhren heute im öffentlichen Raum begegnet, zeigt sich in der Zunahme defekter und falsch gehender Uhren. Die Reparatur kaputter Uhren wird von den für die Funktionsfähigkeit zuständigen Stellen nicht selten mit fadenscheinigen Gründen auf den Sankt Nimmerleinstag verschoben. So zum Beispiel bei den schadhaften Zeigern der Uhr am Südturm der Münchner Frauenkirche, dem Wahrzeichen der Stadt, die sich seit dem Jahr 2014 nicht mehr bewegen. Bereits im Oktober 2006 berichtet die *Süddeutsche Zeitung* unter der Überschrift: „Die Domuhr – reif fürs Museum" ihre Leser über den Abbau der großen Uhr am nördlichen Turm der Frauenkirche. „Kaputt", schreibt die Berichterstatterin über die Uhr, „ist sie nicht". Sie verlängert jedoch die lange Liste, die das Uhrensterben dokumentiert. Uhren, und Kirchturmuhren im Besonderen, widerfährt ein Schicksal, wie es ähnlich die Schallplatte und die Dampflokomotive bereits hinter sich haben. Sie landen, wo die Dampflokomotive bereits herumsteht, im Museum. Genau das ist dann auch die Bestimmung der Münchner Domuhr. Deren aus dem Jahr 1842 stammendes Uhrwerk wird, so die Meldung, nach seiner Restaurierung ins Deutsche Museum umziehen.

Der Windstille im Auge des Wirbelsturms vergleichbar steht die Zeit im überhitzten Zentrum der bayerischen Landeshauptstadt still. Wer sich in der Innenstadt Münchens bewegt und in Erfahrung bringen möchte, wie spät es ist, dem bleibt nur noch der Blick auf die eigene Armbanduhr oder auf das Display des überbeschäftigten Smartphones.

Das verlangt auch die verbreitete Praxis, falsch gehende Uhren oder defekte Schlagwerke nicht mehr, wie das ehemals der Fall war, möglichst rasch zu reparieren. Heute beharren die fehlerhaften Uhren über Tage und Monate trotzig auf ihren unverändert falschen Zeitansagen. Eine Erfahrung, die man dann machen kann, wenn man sich wieder mal eine Landpartie gönnt und seine Aufmerksamkeit auf die meist an Kirchtürmen angebrachten öffentlichen Uhren richtet. Mit Verwunderung wird man feststellen, dass die Zeit in einer Vielzahl der Gemeinden unserer Republik still steht. Und nicht selten tut sie das für längere Zeit und immer häufiger auch für immer. „An unserem Rathaus gibt es zwei Uhren und sie gehen beide nicht.", lautet die Beschwerde des Vorsitzenden eines norddeutschen Heimatvereins bei der Gemeindeverwaltung. Die

Reaktion des für das „Gebäudemanagement“ zuständigen Referenten auf diese Rüge beweist das Desinteresse der Verwaltung an der öffentlichen Zeitansage: „Ihre Reparatur hat nicht die höchste Priorität.“ Spätestens von dem Augenblick an, ab dem die öffentlichen Uhren in die nutzenmaximierenden Hände des kommunalen Gebäudemanagements fallen, müssen sie um ihre Zukunft bangen. Um ihre Existenz fürchten sollten sie auch, wenn die Aussage eines prominenten Gemeinderatsmitglieds aus einer Münchner Umlandgemeinde zum Tagesordnungspunkt „Renovierung der Kirchturmuhr“ ernst gemeint ist: „Im Handy-Zeitalter hat die Uhr ihre Bedeutung verloren und ist jetzt nur noch ein Bestandteil des Gebäudes.“ Im Klartext heißt das: In Zukunft werden wir auf die traditionellen Dienste der altehrwürdigen öffentlichen Zeitanzeige verzichten müssen. Das Einzige, was die öffentlichen Uhren dann noch an Information senden, ist die Botschaft, dass ihre Zeit vorüber ist. Wolken ziehen auf, es dämmert und bald wird's auch tagsüber dunkel für die öffentlichen Uhren.

Es sind diese und ähnlich entwürdigende Entwicklungen, die die einstmals stolzen öffentlichen Uhren heute zu bedauernswerten Zeitrittern von der traurigen Gestalt haben werden lassen. Einmal angetreten, der Zeit ein von weitem sichtbares Gesicht und den Stadtbewohnern Orientierung im Zeitlichen zu geben, werden öffentliche Uhren heute immer häufiger zu Opfern des Zeitgeistes. Mit ihnen verschwindet dann auch die einstmals zur Gewohnheit gewordene Geste des nach oben gerichteten Blicks, um festzustellen, was die Stunde geschlagen hat.

Uhrendämmerung heißt in erster Linie, dass uns die einst weithin sichtbaren Zeitanzeigen verlassen und die, die es noch gibt, darauf warten, es demnächst zu tun. So teilt die das Wetter ignorierende mechanische öffentliche Uhr das Los mit Kafkas Hungerkünstler, der, je mehr er seine Künste perfektionierte, desto stärker die Aufmerksamkeit seines Publikums einbüßte.

Aufmerksamen Flaneuren – wünschen wir uns, dass es sie noch gibt – wird nicht nur das Verschwinden von an öffentlichen Gebäuden installierten Uhren auffallen, sie werden auch die einst häufig anzutreffenden Großuhren an Eingängen von privaten Uhrengeschäften, von Juwelieren, Apotheken und Drogerien vermissen. Auch sie sind „dann mal weg". Vielleicht wäre die Zeit inzwischen reif, ähnlich wie man das mit wildlebenden Tieren und gefährdeten Pflanzen, deren Bestände bedroht sind, macht, auch für Uhren im öffentlichen Raum Artenschutz zu beantragen.

Uhren auf dem Rückzug

Die Uhrendämmerung beschränkt sich jedoch nicht auf den öffentlichen Raum, auf Kirchtürme, Rathäuser, Schulen und Verwaltungsgebäude, verschwunden sind die Zeigeruhren auch vom Armaturenbrett der Autos. Es ist noch gar nicht allzu lang her, da gehörte eine gut sichtbare Uhr zur Grundausstattung eines jeden Kraftfahrzeugs. Reserviert war für sie der prominenteste Platz direkt hinter dem Steuer an der Tafel mit den Messanzeigern. „Uhren", meldet die *Frankfurter Allgemeine Zeitung* Ende 2012 auf ihrer Autoseite, selbst ein wenig erstaunt über ihre Entdeckung, „gehören offenbar nicht mehr ins Armaturenbrett". In den heute verkauften Autos haben ihren Platz vor und neben dem Steuer häufig recht unbescheidene Multimediaanlagen eingenommen die sehr viel mehr können als über die aktuelle Uhrzeit zu informieren. Diese hingegen versteckt sich, als sei es ihr peinlich, irgendwo am Rande eines Displays.

Kommunalverwaltungen, Autohersteller und Jobhopper der Generation Easy-Jet machen es vor und gehen zur Uhr in Distanz. Erkaltet ist die ihnen im Elternhaus und der Schule anerzogene Liebe zum Chronometer und dessen Zeit. Das ist auch dem US-Beratungsinstitut Bernstein Research aufgefallen. Es hat genauer hingeschaut und festgestellt, dass nur mehr 18 Prozent der 16- bis 34-jährigen Amerikaner kontinuierlich eine Uhr tragen. „Wer mit 35 keine Uhr trägt, wird nie mehr eine tragen", lautet ihr für die Gebrauchsuhrenhersteller wenig erfreuliches Résumé. Wieso, fragen sich die Heranwachsenden, soll man denn heute noch eine Armbanduhr mit sich herumtragen, wenn man mit ihr nur die Zeit messen und, bei Nachfrage, kommunizieren kann? Das kann jedes smarte Gerät mit Bildschirm ebenso und darüber hinaus noch ganz viele andere Dinge. Und so nimmt die Zahl der Zeitgenossen, die eine Uhr trägt, ab, während die Zahl derer, die sie nur noch erträgt, zunimmt.

Es sieht ganz so aus, als stünden jene Zeiten vor der Tür, in denen die tickende Manschette am Handgelenk nichts mehr als ein nostalgisches Zugeständnis an eine untergegangene Gewohnheit ist, die Multitasking weder als Wort noch als Realität kannte. Noch aber ist es nicht so weit, dass die Träger von Armbanduhren sich gegen den Makel des Altmodischen wehren müssen. Noch besitzen 97,2 Prozent der Deutschen, das berichtet die *Süddeutsche Zeitung* im November 2017, eine Armbanduhr. Wahrscheinlich nicht ohne Grund hat man bei dieser Erhebung auf die Frage verzichtet, wie viele der Befragten ihre Uhr auch täglich tragen.

Uhren, zumindest junge Menschen würden dies bestätigen, treten mehr und mehr von der Bühne des Zeitlebens ab und übergeben ihre Aufgaben an das mobile und immer smartere

Telefon. Wenn einst mit der geübten Geste des raschen Blicks auf die Armbanduhr Zusammenkünfte arrangiert, Verabredungen getroffen, Termine gemacht und Meetings einberufen wurden, so heißt es heute: „Ich ruf dich an."

Die immer gleiche Frauenstimme, die für die einstmals meistgewählte Telefonnummer der Bundesrepublik Deutschland die aktuelle Zeit angesagt hat, kann man zwar in unseren Tagen auch noch anwählen, jedoch unter einer Ziffernabfolge, die man sich schon deshalb nicht merken kann, weil sie erheblich mehr Stellen hat als die alte. Die optische Zeitansage wird im spätmodernen Alltag so überflüssig wie es die von Glockenschlägen begleitete bereits vor Jahrzehnten wurde. Allein die ausschließlich in dieser Hinsicht zur Sentimentalität neigende New Yorker Börse beginnt und schließt ihren Handel an den Geschäftstagen noch mit einem altertümlichen Glockengebimmel. Doch auch in der Wallstreet ist es nicht mehr die Uhrzeit, die die Glocke verkündet, das Gebimmel ist nur noch die semireligiöse Begleitmusik eines aus den Fugen geratenen und den Gang der Uhrzeiger ignorierenden Tanzes um das Goldene Kalb.

Traurige Heldenfigur

Die von der Uhr hergestellten Zeiten und ihr Zeitmuster Takt sind für die telematische Gesellschaft der Spätmoderne weder die einzigen noch die alleinigen und immer weniger auch die einflussreichsten das Zeitleben gestaltenden Größen des Tun und Lassens. „Das eherne Gehäuse der Hörigkeit" (Max Weber), dessen Ein- und Ausgänge in demonstrativer Art und Weise von Uhren markiert waren, verliert seine Stabilität, bekommt Risse und zerbricht. Die Uhrzeit, über viele Perioden neben der Arbeit die wirkmächtigste Integrationskraft der

Gesellschaft, verliert ihre Dominanz als Leitinstrument sozialer Zeitgestaltung. Die Folgen lassen sich besichtigen. In Großbritannien, so eine Meldung vom 4. Mai 2018 bei *Spiegel online*, können immer weniger Kinder mit analogen Uhren etwas anfangen, auch weil sie die Zeigerstellungen nicht mehr mit Zeitangaben in Verbindung bringen können. Zeitliche Orientierung suchen sie heute bei digitalisierten Zeitangaben auf Displays und nicht mehr an öffentlichen Uhren. Die britische Schuladministration hat Konsequenzen aus dieser Veränderung gezogen und installiert, wenn überhaupt, nur noch digitale Zeitmesser in den Lehranstalten. Sogar in den Schulen sind Uhren mit Zeigern und Ziffernblättern out. Die Tatsache, dass Smartphones und Computer die Zeit in aller Regel digital anzeigen, führt, wie die *Washington Post* berichtet, bei amerikanischen Jugendlichen zu Gesten der Rat- und Hilflosigkeit, wenn diese es mit Ziffernblättern und voranschreitenden Zeigern zu tun haben. Da hinkt man in Deutschland noch etwas hinterher. Dass es aber auch so kommen könnte, lässt die Auskunft des Lehrerverbands-Präsidenten erahnen, die Zahl der Heranwachsenden, die keine Armbanduhr mehr besitzen, hätte deutlich zugenommen.

Das Informationsbedürfnis nach der aktuellen Uhrzeit wird heute oberflächlich gestillt. Nicht immer rasch zu finden, entdeckt man die Zeitanzeige in den Spalten und Falten der so flachen wie flüchtigen Nutzeroberflächen von Smartphones, Laptops und ihrer digitalen Abkömmlinge. Sie verkriecht sich auf deren Bildschirmen in eine Ecke, aus der sie schüchtern signalisiert: „Es gibt mich noch."

Trotz einer breiten und täglich größer werdenden Konkurrenz durch Geräte und Maschinen, die sich an der Gestaltung unseres zeitlichen Daseins beteiligen, ist die Zeigeruhr weiterhin eine moderne Heldenfigur. Aber aus einer die Zeiten und deren Veränderungen überstrahlenden Heldin ist sie inzwischen zu einer eher traurigen Siegerfigur auf dem Rückzug geworden. Nicht einmal mehr für die Rituale und Traditionen der Freundschafts- und Liebschaftskultur, zu deren romantischen Gewohnheiten es gehört hat, sich zu einer vereinbarten Zeit am Bahnhofsvorplatz unter der Uhr zu verabreden, braucht man heute noch die öffentliche Zeitanzeige. Facebook und Smartphone ersetzen die Freiluftverabredungen. Sie machen das Zusammenführungsmittel „Uhr“ bei Verabredungen und für Absprachen nicht nur in diesen Fällen so überflüssig wie eine vierte goldene Uhr.

Ob man diese Entwicklung jenen Erfolgen zurechnen kann, die wir üblicherweise unter der Rubrik „Fortschritt“ verbuchen, ist schwerlich abzusehen, zumindest nicht derzeit. Im Berufsleben, aber auch in Lebenswelten, an deren Eingangstüren ehemals der Hinweis „Privat“ zu lesen war, werden Vereinbarungen, Absprachen, gemeinsame Termine und Treffen immer häufiger kurzfristig arrangiert, telefonisch vereinbart und mit elektronischen Dienstboten auch wieder kurzfristig umorganisiert. Der im gestischen Repertoire verankerte Blick auf die Einheitszeit einer öffentlichen Uhr ist dafür nicht länger zwingend. Wäre das anders, hätten die Bürger und Bürgerinnen Heilbronns im Sommer 2013 Probleme bei ihren Treffen und Vereinbarungen bekommen. Am 16. August berichtet die Regionalzeitung *Heilbronner Stimme*: „Die Uhr am Heilbronner Rathaus ist bereits am Freitag stehen geblieben. Bemerkt hat man es jedoch erst am Mittwoch.“ Da man Ähnliches auch von anderen Kommunen hört und liest, muss man sich nicht wundern, dass die Menschen heute immer seltener wissen, was die Stunde geschlagen hat.

Im März 1955 schrieb Einstein in einem Kondolenzbrief an die Familie eines verstorbenen Kollegen: „Zeit“ – Einstein im Wortlaut: „Der Unterschied zwischen Vergangenheit, Gegenwart und Zukunft“ – sei für die Wissenschaften eine Illusion, wenn auch eine hartnäckige. Das Beharrungsvermögen dieser Illusion hat mit dem einstmals festen Glauben, dass die Uhr es ist, die den Lauf der Zeit abbilde und sich deshalb gut zur Richtschnur des alltäglichen Zeithandelns eigne, inzwischen nachgelassen. Das auf den Fundamenten einer umfassenden Veruhrzeitlichung der Bevölkerung errichtete Uhrzeit-Monopol zerbricht an seinem Erfolg. Die Uhr, so meldens die einschlägigen statistischen Daten, geht mit der Zeit. Der Uhrmacher taucht inzwischen in den Aufstellungen und Sammlungen aussterbender Berufe auf, während die Handwerkskammern deutliche Rückgänge bei den Uhrmachermeisterbetrieben beklagen. 2011 arbeiteten nur noch 2949 Uhrmacher in Deutschland, zwölf Jahre zuvor (1999) waren es noch 4391. Kein Wunder, dass Berufsberater Schulabgängern ihren Berufswunsch „Uhrmacher" mit dem Hinweis ausreden, dass diese in Zukunft nicht mehr gebraucht würden.

Stürzende Zeiger

Die Verschiebungen im Zeitprofil einer Gesellschaft kündigen sich selten in Headlines auf der ersten Seite überregionaler Zeitungen an. Indizien für den Sachverhalt, dass sich die Zeiten ändern, findet man eher auf den hinteren Zeitungsseiten mit den Verlegenheitsüberschriften „Verschiedenes", „Vermischtes" oder „Panorama". Dort auch liest man in einer Pressenotiz vom 16. Oktober 2016 von einem unüberhörbaren 40 Meter tiefen Absturz des Minutenanzeigers von der Turmuhr der Hamburger St.-Katharinen-Kirche. Der, konnte man lesen, „löste sich in der Nacht zu Samstag und schlug auf einem Gehweg neben der Kirche auf". Verletzt wurde glücklicherweise niemand, doch erinnert der Hamburger Zeigersturz an den in viele Richtungen interpretierbaren Sachverhalt, dass die Uhr, seitdem sie schlägt, ihre Nutzer immer auch erschlägt. Der Grund, weshalb der Zeiger abstürzte, war zunächst unklar. Materialermüdung war die nächstliegende Erklärung. Falls das der zutreffende Grund war, dann war die Materialermüdung zugleich eine Funktionsermüdung.

Auch wenn sich die Uhrzeiger, wie bei der Katharinen-Kirche der Fall, nicht auf leisen Pfoten aus der Öffentlichkeit zurückziehen, läuft die „Uhrendämmerung", die Götterdämmerung des Uhrengottes, nicht wie im Drehbuch eines apokalyptischen Göttersturzes ab, sondern ähnelt eher einem leisen, schleichenden Abgang über die nur dürftig beleuchtete Hintertreppe der Zeitgeschichte. Nicht mit einem Kippschalter-Aus und auch nicht Knall auf Fall endet die Jahrhunderte lang anhaltende Strahlkraft der mechanischen Uhr. Heute verblasst sie. Sie wird schwach und schwächer und verliert ihre Attraktivität. Dem in die Tiefe gestürzten Zeiger der Hamburger Uhr, man darf ihr solche Gefühle unterstellen, scheint der Entzug der gewohnten Aufmerksamkeit so nahe gegangen zu sein, dass er, beleidigt und gekränkt, in seinem demonstrativen und lautstarken Sturz letztmalig die Chance sah, auf sich aufmerksam zu machen. Das ist, wie könnte es anders sein, nicht mehr als eine Vermutung, die nach einer systematischen Beforschung der Gemütslage von Turmuhren in der Phase ihres Niedergangs ruft.

Durchführen könnte diese der Gründer des schwäbischen Turmuhrenmuseums, das seit 1979 im Turm der ehemaligen Silvesterkirche des bayerisch-schwäbischen Mindelheim seine Heimat hat. Der Museumsgründer, der bereits in den 60er-Jahren des verflossenen Jahrhunderts mit seiner Turmuhrensammlung begann, begründete seine Leidenschaft mit dem Argument: „Ich wollte nicht, dass eine lange Geschichte, eine ganze technische Epoche, von einem Jahrhundert zum anderen spurlos zu Ende gehen sollte." Inzwischen umfasst seine

Sammlung mehr als 50 ausrangierte Objekte. Sie alle sind, und dafür sind Museen ja da, aufbewahrte Belege einer vergangenen Kultur, in der der Zeitenwechsel von Türmen herab eingeläutet wurde und in der die Menschen erhobenen Hauptes und mit himmelwärts gerichtetem Blick Orientierung im Zeitverlauf suchten. Im 21. Jahrhundert angekommen, sind die machtvollen Turmuhren funktionsmüde geworden und die von allen Seiten einsehbaren Uhrtürme in den Fabrikationsstätten der Großunternehmen, sofern sie nicht unter Denkmalschutz stehen, abgebaut. Die Menschen suchen heute weder die Sterne am Himmelsgewölbe noch die Zeit an Türmen. Eine Mehrheit der auf den Straßen und Plätzen anzutreffenden knechtischen Gestalten mit ihren gebeugten Gesichtern finden sie in der Sternenatlas- und der Weltzeituhr- App. Von dort erfahren sie dann, was die Stunden, die Minuten und die Sekunden geschlagen haben. Man könnte ins Nachdenken kommen. Allzusehr ähneln die gesenkten Blicke der Zeitsucher auf die Displays ihrer Smartphones den Gesten der Demut und der Unterwerfung, wie man sie in Europa aus den Zeiten des Feudalismus kennt.

Aufstieg und Fall

In Zeiten des Abstiegs und des Niedergangs, so will es die Tradition, sind ein paar tröstende Worte, insbesondere aber Erklärungen, wie es zu dem Höhenflug gekommen ist, der dem Drama des Falls voranging, stets willkommen.

Ohne die Uhr und ihre Verwendung als Mittel der Zeitordnung würden wir heute in einer gänzlich anderen Gesellschaft leben. Vor allem aber würden wir völlig anders wirtschaften. Die Erfolgsgeschichte der mechanischen Uhr und ihrer Zeigerzeit, es ist zugleich der Beginn unseres Uhrzeitlebens, begann mit einer Dämmerung. Im christlichen Abendland, wo die Uhr das Licht der Welt erblickte, mit der Götterdämmerung des Schöpfer- und Zeitgottes und der Inthronisierung des von ihm geschaffenen Menschen an seiner statt. Die Uhren-Moderne nahm in dem Augenblick Fahrt auf, als man nicht mehr länger in Gott jene Macht sah, die über die Zeitverläufe bestimmte und auf sie Zugriff hatte, sondern der Mensch den Anspruch anmeldete, über die Zeitverläufe eigenmächtig zu bestimmen. Uhrzeit ist das Ergebnis menschlicher Schöpferkraft, ist eine Zeit, die aus eigener Vollmacht hergestellt wird. Mit der Uhrzeit wird der Mensch vom Vasallen Gottes zum Erzeuger seiner selbst.

Dabei wurde der Himmel entzaubert, die Zeit „entgottet“ und ihrer Mythen und Magie beraubt. Die das Zeitleben mechanisierende Uhr hat die Menschen aus dem Zeitgefängnis der Natur „befreit“ und unabhängig vom himmlischen Geschehen gemacht. Für den Uhrzeitmenschen sind die Sterne erloschen, die einstmals zur Zeitorientierung genutzt wurden. Der Preis, der für diese Befreiungstat zu zahlen war, bestand in der Errichtung der Uhrenherrschaft, der Unterwerfung unter die Diktate und Imperative der qualitätslosen Uhrzeit und der Landnahme nahezu aller Lebensbereiche durch die Zeit-ist-Geld-Logik. Wer sich auf die Natur ignorierende und unterwerfende Uhr einlässt, muss lernen, mit den Widersprüchen von Zeitfreiheiten und Zeitzwängen umzugehen. Dabei empfiehlt es sich, Goethes Erkenntnis stets im Auge zu behalten: „Niemand ist hoffnungsloser versklavt als der, der fälschlich glaubt, frei zu sein.“

Die Uhr hat den Zeithimmel entleert, und wie wir heute erkennen müssen, auch die irdischen Zeiten ihrer Vielfalt beraubt. Daseinsbestimmend wurde nicht die Zeit, das Leben wurde durch die Uhrzeit geprägt. Sie dominierte und kontrollierte das menschliche Zeitleben und die Zeiten der Natur seit jener Zeit, die wir rückblickend „Neuzeit" nennen. Sie tut das bis heute und verknüpfte dies mit den Formen sozialer und politischer Ordnung. Zeit wird mit dem Beginn der Neuzeit zur Uhrzeit. Eine Gleichsetzung, die das Zeitdenken und das Zeithandeln der Menschen „mechanisiert" und die Zeitpraktiken von den Zeitsignalen der inneren und der äußeren Natur mehr und mehr abgekoppelt hat. Heidegger spricht von einer zunehmenden „Leibvergessenheit".

Mit der Verbreitung und der Akzeptanz der mechanischen Uhr als Mittel der Lebensgestaltung ging eine wachsende Entkoppelung der gesellschaftlichen Zeitorganisation von den Naturzyklen einher. Die Chronometerzeit wurde mehr und mehr zum Leitbild des Zeithandelns. Damit waren dann schließlich auch jene Zeiten vorbei, in denen man noch Götter, Helden und Feen nötig hatte, um sich selbst und seinen Mitmenschen die Undurchschaubarkeit der Zeitverläufe zu erklären und plausibel zu machen. Die mechanisch hergestellte Zeit der Uhr konnte auf unterhaltsame und abwechslungsreiche Umwege über Heldenerzählungen und Göttergeschichten verzichten. Die Uhr hat die Zeit entzaubert und das Zeitverstehen und Zeithandeln rationaler gemacht. Der schnelle Blick auf die Zeiger und das Ziffernblatt ist zeitsparend, aber er ist erheblich weniger amüsant und weniger spektakulär als all dies, was sich Chronos und Kairos, mal zur Freude, mal zum Entsetzen der alten Griechen so alles mit der Zeit geleistet haben.

Als der Uhren-Mensch Gott Zeit und Natur raubte, sie in Besitz und in die eigene Hand nahm, wurde er endgültig zu einer Naturgewalt und manchmal auch zu einer Naturkatastrophe. Selbst über Zeit entscheiden, dem Zeitlichen selbst eine Ordnung verleihen heißt ja nicht, zu wissen was man tut, wenn man macht, was man tut. Häufig wundert sich der Mensch über das, was er mit seinem Zeithandeln in die Wege geleitet hat und noch häufiger gesteht er reumütig: „Das habe ich so nicht gewollt."

Mit der Uhr hat der Mensch seinen Selbstbestimmungsanspruch auf das Zeitliche und die Zeitorganisation angemeldet und etabliert. Man kann davon ausgehen, dass es zu den wirkmächtigsten und zugleich auch problematischsten Ideen des Abendlandes gehörte, die Zeiten und den Umgang mit Zeit aus dem Naturzusammenhang zu lösen. Ohne den folgenreichen Wechsel von der ungezähmten, erfahrbaren Zeit der Natur zur disziplinierenden, abstrakten menschengemachten Uhrzeit, ohne den Abschied von den Zeiten Gottes zur Zeit des Geldes hätte der Kapitalismus niemals jene Betriebstemperatur erreicht, die zu halten und weiterhin zu steigern er sich heute bemüht und sich von der Uhr als temporaler Energiequelle zu verabschieden gezwungen sieht.

Doch nicht nur das System „Kapitalismus", mit dem die Ungeduld und der Zeitdruck ins Leben kamen, hat heute immer mehr Probleme mit der Uhr, deren Zeit und ihrem Zeitmuster Takt; es sind auch die von den Imperativen geldwerter Zeit gehetzten Subjekte, die es der Uhr nicht mehr zutrauen, dass sie für bessere Zeiten sorgt. Vor allem Zeitgenossen mit Selbstverwirklichungsansprüchen haben die Hoffnung aufgegeben, dass es Uhren sind, die sie aus ihrem Dauerzustand des Gestresstseins und der Erschöpfung befreien und von der Zumutung erlösen, am Ende eines jeden Tages feststellen zu müssen, dass sie die am Vormittag erstellten To-do-Listen nicht einmal bis zur Hälfte abgearbeitet haben. Sie schreiben der Uhr eine Mitverantwortung für ihre Erfahrung zu, dass die zu Schnellen vom Leben und die zu Langsamen vom Chef bestraft werden.

Seit 250 Jahren nennen wir „Moderne", was mit der erzwungenen Abdankung des biblischen Schöpfergottes als Zeitmonopolisten begann und heute beim Rückzug des mechanischen Zeitgottes Uhr aus dem öffentlichen Zeitleben angekommen ist. Erst zu Beginn des 21. Jahrhunderts, da sich die Zeiger rar machen, wird offensichtlich, wie sehr moderne Gesellschaften zu Uhrzeitgesellschaften geworden sind.

Während der nun schon 500 Jahre andauernden Uhren-Moderne haben die Menschen diese „Mutter aller Maschinen" zu ihrem Ersatzgott gemacht. Sie haben sich zu „Maschinisten" der Zeit erklärt und die Gestaltung der Zeitordnung in einem Ausmaß der eigenen Vernunft und dem menschlichen Willen anvertraut, das sie regelmäßig hilflos, ratlos und ohnmächtig machte, wenn die Zeit ihnen aus dem Blick geriet.

Wenn nicht alles täuscht, so die hier vertretene These, ist die Menschheit derzeit dabei, sich wieder aus der Umarmung des Uhrengottes zu befreien. Es sieht so aus, als würde diese tickende Erfolgsgeschichte, die mit einer Götterdämmerung des Uhrengottes begann, mit einer „Uhrendämmerung" an ihr Ende kommen. Ein halbes Jahrtausend nach der Entgottung der Zeit folgt die „Entuhrung". Der über lange Zeit im Bodensatz des Selbstverständlichen abgelagerte routinierte Blick auf die Uhr wird von Tag zu Tag seltener und es ist absehbar, dass die der heutigen Generation folgende mit hoher Wahrscheinlichkeit das über die Jahre immer leiser gewordene Ticken der Uhrenmechanik überhaupt nicht mehr zu hören und immer seltener auch zu spüren bekommt. Damit reiht sich die Uhr in eine Schicksalsgemeinschaft ein, die Karl Marx mit den Worten beschreibt: „Hegel bemerkt irgendwo, dass alle großen weltgeschichtlichen Tatsachen und Personen sich sozusagen zweimal ereignen. Er hat vergessen, hinzuzufügen: das eine Mal als Tragödie, das andere Mal als Farce."

Über viele Jahrhunderte gab es in Mitteleuropa außerhalb des Herrschaftsbereiches der Uhr kein Heil, vor allem aber keinen materiellen Wohlstand. Die Uhr und ihre Taktlogik gehörten zu den Mächten, die die moderne Welt regierten. In dieser Zeit waren die Menschen zu Figuren jenes mechanischen Uhrwerkes geworden, das ihre Vorfahren erfunden, konstruiert und zum verbindlichen Leitbild der irdischen Zeitordnung erklärt haben. Vergessen und zuweilen auch verdrängt hatten sie bei dieser Entwicklung, dass es sich bei der Uhr eigentlich nur um einen Vorschlag gehandelt hatte, sich die Zeit und ihren Verlauf so vorzustellen, wie dies die Zeiger vormachten. Uhrzeit ist nun mal nicht die wahre, die echte Zeit. Die Taktmaschine „Uhr" und deren Zeigerlogik sind nicht so fraglos und selbstverständlich, wie wir es unterstellen. Die Uhr ist ein Notbehelf, eine Prothese für den Zeitsinn, den die Evolution den Menschen vorenthalten hat. Sie verleiht der Zeit ein bewegtes Gesicht, das den Zeitgenossen und Zeitgenossinnen sagen und vormachen soll, wie sie sich in ihrem zeitlichen Alltag verhalten und wie sie ihn ordnen sollen.

Auch wenn die Uhr auf eine selten schnelle Erfolgsgeschichte blicken kann, so liefert sie eine ganz eigene, eine ganz besondere Sichtweise auf das „Zeit" genannte Werden und Vergehen. Folgt man Immanuel Kants Sichtweise auf die Zeit, das gilt auch für die Zeit der Uhr, ist diese nichts Reales, nichts Objektives, sondern die subjektive Gabe, „beliebige Sinnendinge … miteinander zusammenzuordnen". Doch „nur" als ein derartiges Angebot, das man annehmen oder ablehnen kann, „Sinnendinge miteinander zusammenzuordnen", wurde die die Zeit in ein mechanistisches Korsett zwingende Uhr niemals begriffen. Kaum war sie in einem norditalienischen Kloster nahe Mailand erfunden worden, um das klösterliche Leben mit der göttlichen Ordnung besser harmonisieren zu können, wurde sie auch schon von der weltlichen Herrschaft zur diktatorischen Macht erklärt, der es zu folgen und unterwürfig zu gehorchen galt. Seitdem, so lässt uns der für seine profunde

Kenntnis der mittelalterlichen Zeitkultur bekannte italienische Intellektuelle Umberto Eco wissen, „erpresst uns die Uhr" und hindert uns daran, mehr aus der Zeit zu machen, als die Uhr anzeigt.

Die Uhr ist, obgleich man genau das versprochen hatte, nicht jenes Instrument, das den Schlagbaum zu den üppigen Ländereien des Zeitwohlstandes und des Zeitgenusses öffnet. Auch ebnet sie nicht den Weg zu einem Dasein, in dem zeitliches Wohlsein, Zeitzufriedenheit und Zeitsattheit garantiert sind. Die Uhr ist in erster Linie ein Instrument, das den Herrschenden, den Mächtigen und den Einflussreichen dazu dient, Zeitmacht in ihrem Interesse und zu ihren Gunsten zu errichten, auszuüben und dauerhaft abzusichern.

Uhrzeit wird gemacht und von der überwiegenden Mehrheit der Ohnmächtigen ertragen oder erlitten. Die mechanischen Uhren haben die Menschen zu untertänigsten Knechten gemacht, legten sie an die Kette und fesselten sie mit der Erfindung der Armbanduhr an ihrem Handgelenk. Mit hoher Wahrscheinlichkeit war es die Uhr, die Rousseau vor Augen hatte, als er seine berühmten Worte niederschrieb: „Der Mensch ist frei geboren und überall liegt er in Ketten."

Die Uhr, das steht auf ihrem weitestgehend unbeachteten Beipackzettel, zwingt die Menschen zur Selbstbeherrschung und zur Verleugnung des subjektiven Zeitempfindens. Uhrzeiten nehmen keine Rücksicht aufs Zeiterleben. Sie helfen Geld- und Güterwohlstand anzusammeln, zeitzufrieden machen sie jedoch nicht. Und so wird das Uhrzeitleben dauerhaft von der Frage begleitet: Ticken wir eigentlich noch richtig? Eine Frage, die sich der den Surrealisten zugerechnete Maler Salvador Dalí vor bald 100 Jahren auch gestellt hat, um seine Zweifel an der scheinbaren „Natürlichkeit" der Uhrenlogik dann mit Ölfarben auf eine Leinwand zu malen. Dem unter dem Titel *Die zerrinnende Zeit* tausendfach reproduziertes Gemälde gab er ursprünglich die Unterschrift „Die Beständigkeit der Erinnerung". Seine in der ganzen Welt bekannten „zerfließenden Uhren" symbolisieren auf gleichermaßen faszinierende wie irritierende Weise die Vergänglichkeit der Zeit als Vergänglichkeit der Uhrzeit. Jahrzehnte später (1973) erneuerte Dalí seine Respektlosigkeit gegenüber der Uhr und ihrer Zeit und lieferte sie in einem Rezept seines Kochbuchs *Les Diners de Gala* ganz und gar der Lächerlichkeit aus. Einem seiner Gerichte verlieh er den Titel – kein Werbetexter hätte es besser formulieren können – „Weiche Uhren im Halbschlaf". Es hat kein halbes Jahrhundert gedauert und man kann diese Formulierung, die das Licht der Welt einst als Küchenrezept erblickt hat, auch zur Beschreibung des gegenwärtigen Uhrenschicksals verwenden.

Es hat sich inzwischen etwas geändert. Heute, Flexibilität ist inzwischen zu einer Verhaltenserwartung geworden, muss man mit dem Vorwurf rechnen, nicht richtig zu ticken, wenn man sein Zeithandeln zwanghaft an der Uhr ausrichtet. Die Zeit, das lehren uns nicht zuletzt die ökologischen Probleme, die den großflächigen und umfassenden Vertaktungen des Lebendigen geschuldet sind, tickt ja nicht nur wie die Uhrenmechanik, sie fließt, sie rinnt und mäandert, sie rennt und manchmal steht sie auch still. Ein passenderes Symbol als die vormoderne Sanduhr, seit der Antike das Sinnbild für den Ablauf der Lebenszeit, lässt sich nicht finden, um am meistbesuchten Ort des 21. Jahrhunderts, der Benutzeroberfläche, der Abdankung der tickenden Zeigeruhr sichtbaren Ausdruck zu verleihen. Es wäre jedoch eine fehlgeleitete Hoffnung, in der Uhrendämmerung die Vorzeichen größerer Zeitfreiheiten, einer humaneren und naturnäheren Zeitordnung und einer umfassenderen Zeitsouveränität zu sehen. Mit dem Verschwinden der Uhr und ihrer Taktzeit verlieren wir auch jenen

Halt und jene Orientierung, die uns die wandernden Zeiger immer wieder gaben und die unserem Zeitleben Kontinuität und Stabilität verliehen. Wer in der spätmodernen Kultur der Verdichtung und Vergleichzeitigung aufwächst und bei seiner Karriere dem Imperativ folgt: „Du musst, willst du etwas werden, die Uhr besiegen", bringt sich in Gefahr, vom Dach der Zeit zu fallen, ohne darauf bauen und hoffen zu können, wie dies Harald Lloyd in Stummfilmzeiten noch gelungen ist, den lebensrettenden Halt an den Zeigern der Uhr zu finden.

Befreiung von den Zwängen der Natur

Aus der Zivilisationsgeschichte kennen wir Gesellschaften, Kulturen und soziale Gemeinschaften, deren Glaube, Vorstellungen, Ideen und Weltanschauungen ihnen Macht und Einfluss beschert und garantiert haben. Es sind uns aber auch solche bekannt, in denen sich ihr Glaube im Laufe der Zeit gegen sie selbst richtete und sie ruinierte. Was unseren Glauben an die Uhr, deren Zeitansage und ihr Zeitmuster Takt betrifft, so spricht einiges dafür, dass wir uns gegenwärtig einem solchen Punkt des Umschlags nähern. Das ist vor allem dort der Fall, wo die Vertaktung des Zeitlebens, die mit dessen Vermessung einhergeht, einen Umfang und ein Ausmaß erreicht hat, das die Gesundheit und das Wohlbefinden der Subjekte, aber auch die Funktionsfähigkeit der sozialen Systeme wie der familiären Lebensgemeinschaften gefährdet. Die Uhr hat, maßgeblich angetrieben von unbescheidenen Wachstumserwartungen der Wirtschaft, das Tempo des Lebens in einem Umfang beschleunigt, das die Menschen, ob sie das wollten oder nicht, zu Zeitraffern gemacht hat. Sie hat ihnen eine Beschleunigung aufgezwungen, die es selbst für Geschwindigkeitssünder schwer gemacht hat, auf dem Laufenden zu sein und zu bleiben. Und so müssen viele, deren Zeithandeln weiterhin an den Zeitansagen der Uhr ausgerichtet ist, mit der Zumutung leben, häufig zu spät dran zu sein.

Wie der Preis des Programms „freie Fahrt für freie Bürger“ die Selbstfesselung durch die gesetzlich vorgeschriebene Anschnallpflicht ist, so besteht der Preis für die Unabhängigkeit des Zeithandelns von den Botschaften der Götter, den Signalen der Natur und den Fingerzeigen des Wetters in einer wachsenden Abhängigkeit von den Zeigerverläufen der mechanischen Uhr und der Unterwerfung unter das Zeitmuster des Uhrentaktes. Die Uhrengeschichte der Moderne lässt sich auch als eine Entwicklung von der Nötigung zur Uhrenknechtschaft hin zu einem Bedürfnis nach Uhrenknechtschaft verstehen. Der Mensch, vor allem der abendländische, wurde im Laufe der Moderne mehr und mehr selbst zur Uhr, da diese nicht nur Zeit herstellt, sondern auch den veruhrzeitlichten Menschen.

Die von der Uhr vorangetriebene Lockerung des Naturzwangs, die Überwindung natürlicher Vorgaben und Grenzen und die Eroberung ehemals nicht gekannter zeitlicher Freiräume und Entscheidungsmöglichkeiten gingen zivilisationsdynamisch mit der Unterwerfung unter das Zeitmuster des den Menschen fremden Taktes einher. Das wiederum hat diese unabhängiger von unvorhersehbarer Not, von regelmäßig wiederkehrenden Naturkatastrophen und von den Risiken des Zufalls und Schicksals gemacht. Die zuweilen dramatischen und problematischen Folgen dieser Freiheiten und dieses „Freiheitsdenkens“ lassen sich in den Ökobilanzen und in den Problemlisten der Naturschutzverbände nachlesen. Zu „verdanken“ haben wir der Uhr und ihrem Zeitmuster Takt auch den schnelllebigen Alltagswahnsinn unserer „Ich muss noch schnell ...“-Gesellschaft, die durch die Eliminierung und die Korsettierung des Zeitmusters Rhythmus Zeitwüsten und

Zeitsteppen hinterlassen hat, die hinter einem wachsenden Geld- und Güterwohlstand versteckt werden. Hoffnungen, dass das nicht immer so weitergeht, bauen auf Zeitungsmeldungen auf, dass sich das Niveau des Güterwohlstandes – zumindest in einigen Teilen der Welt – einer Sättigung nähert. Für die Natur ist dies kein Anlass zum Aufatmen und noch weniger zur Zuversicht, im Rahmen alltäglicher Zeitorganisation bald wieder eine wichtige Rolle spielen zu können. Der Weg von der natur- und gefühlsdistanzierten Uhrzeit zur naturnahen und gefühlshaltigen Handlungs- und Ereigniszeit, von einer vertakteten zu einer rhythmisierten Gesellschaft ist versperrt. Er ist so wenig realistisch wie die rückwärtsgewandte Verwandlung eines Carpaccios in ein Rinderfilet.

Ursprünglich als Lösung von Zeitproblemen auf den Weg gebracht und angekündigt, ist die Zeitmaschine „Uhr“ heute selbst zu einem Problem geworden. Immer häufiger erlebt man sie als eine die individuellen, die sozialen und die gesellschaftlichen Bedürfnisse des elastischen und des flexiblen Zeithandelns einschränkende und unterdrückende Diktatorin. Inzwischen wissen wir aus Erfahrung, dass die Möglichkeiten des menschlichen Zeithandelns größer, breiter und vielfältiger sind als die zeitlichen Gestaltungskräfte der Uhr und ihrer Zeit. Eine Erkenntnis, die sich aber nicht soweit herumgesprochen hat, dass die nachwachsenden Generationen nicht weiterhin in den Lehranstalten erzogen und verpflichtet würden, sich unter die Knechtschaft der mechanischen Zeit zu begeben um die Diktatorin „Uhr“ als einzig gültiges und richtungsweisendes Zeitordnungsmittel achten und lieben zu lernen. Selbst in der digital getriebenen Gesellschaft des 21. Jahrhunderts, in der Computer Krankheiten erkennen, Autos steuern, Arbeitsabläufe optimieren und den Menschen vorgaukeln, ihnen sagen zu können, wo es langgeht, wird den Schülern und Schülerinnen weiterhin beigebracht, den Zeitsignalen der Uhr und nicht denen der Natur, der eigenen und der äußeren, zu folgen. Obgleich sich Schüler und Schülerinnen heute nicht mehr mit Tintenklecksen und Tintenfingern herumschlagen und sich, da das Hintergrundticken der Industriegesellschaft mehr und mehr an sozialer und gesellschaftlicher Gestaltungskraft verloren hat, die Zeit inzwischen vom Smartphone sagen lassen, wird es von Tag zu Tag offensichtlicher: Die Uhr ist nicht die Zeit, sondern ihr Gefängnis. Uhrzeitmenschen sind Personen, die Gespräche für gelungen halten, wenn sie schnell vorbei sind.

Thronwechsel

Auch wenn die auf dem Modell „Uhr" basierende Zeitzivilisation für die Daseinsgestaltung an Kraft und Vorbildcharakter einbüßt, bedeutet das nicht, dass der Zeitalltag in Zukunft gänzlich ohne Uhren auskommen wird. Was sich jedoch ändert und was sich dem Ende nähert, ist die dem Chronometer-Monopol geschuldete alles überragende Dominanz der Uhrzeitordnung. Zeigerzeit und Uhrentakt verlieren bei Entscheidungen über die individuelle, die soziale und die politische Organisation des Zeitlichen an Einfluss. Was gestern noch sicher und selbstverständlich war, steht heute zur Disposition – und wie es heute und morgen weitergehen soll nicht minder, denn „viele Uhren sind noch zu zerbrechen" (Paul Celan).

Dabei spielt sich der Sturz der Uhr vom Zeitpodest nicht in der Art und Weise ab, wie Revolutionen in den Geschichtsbüchern gemeinhin beschrieben und bebildert werden. Der Funktionsverlust der Uhr erfolgt, dem Siechtum des römischen Imperiums vergleichbar, relativ geräuschlos und ohne Straßenkämpfe. Er ähnelt eher den „revolutionär" genannten

Umwandlungen klassischer Büros in Bürolandschaften mit verschiedenen Arbeitszonen für unterschiedliche Tätigkeiten. Der zeitlich mit dem Eintauchen der Schreibmaschine ins Halbdunkel des Verschwindens zusammenfallende Thronwechsel geschieht, wenn die Zeiger einer Kirchturmuhr nicht gerade zu Boden krachen, mit wenig Lärm, relativ geräuschlos, ohne Schüsse auf Turmuhren und auch ohne Gefahr, die Rücklagen von Versicherungen für Sach- und Personenschäden zu strapazieren. Man erschrickt weder über Explosionen noch sieht man sich gezwungen, auf dem Weg zur Arbeit über Barrikaden klettern zu müssen. Selbst diejenigen, die ihren zeitlichen Halt bei der Zwanghaftigkeit des Zeigerverlaufs gefunden hatten, steigen relativ geräuschlos vom Zeitpferd „Uhr" ab, um sich umgehend, auch das geht ohne Lärm und Getöse ab, in den Sattel des Zeitpferdes „Mobiltelefon" zu schwingen.

Die neuen Zeiten und deren digitales Dienstpersonal kommen auf den leisen Sohlen einer unauffälligen Transformation daher. Die Eroberung der Schaltstellen der Zeitordnung geschieht diskret, ohne große Dramatik und mit wenig Aufsehen.

Die Welt ist smart geworden. Zur Kommunikation nutzen wir das Smartphone und zur Organisation unseres Zeitalltags auch. Auskünfte holen wir über die Firma Google ein und wenn wir etwas dringend benötigen, dann bestellen wir es mit einem Mausklick vom häuslichen Schreibtisch aus oder ordern es in einem virtuellen Kaufhaus mit einer Wischbewegung auf dem Display des Mobiltelefons. In der Welt der Arbeit zeigen sich die Folgen der Digitalisierung in einer sprunghaften Erhöhung der raumzeitlichen Flexibilität des Überall und Jederzeit. Veränderungen, wohin man schaut. Eine Mehrzahl geschieht ohne große Aufregung, obgleich mit den Möglichkeiten und den Freiheiten dabei auch die Zumutungen und Belastungen steigen. Bisher verläuft die Heldendämmerung der Uhren unauffällig. Der Bedarf an Trauerarbeit über das Verlorene, das Verlassene und den Verlust hält sich in bewältigbaren Grenzen. Auch weil ein attraktiver Ersatz gefunden wurde.

Die Jahrtausendwende war in Sichtweite, als ein kleines Gerät ins Scheinwerferlicht der Zeitansage und der Zeitorganisation trat, von dem man bei seinem Auftauchen nicht erwarten konnte, dass es so rasch, wie es dann gekommen ist, den Thron der Zeitorganisation erobern und die Uhr von ihrem Hochsitz vertreiben würde. Es ist das mit einer breiten Signalvielfalt – fiepsend, vibrierend, blinkend – auf sich aufmerksam machende westentaschenkompatible und ortsunabhängige Knopfdruckgerät, das im offiziellen Sprachgebrauch „Mobiltelefon" heißt und das, wo Deutsch gesprochen wird, gern, als handle es sich um ein Kinderspielzeug, liebevoll „Handy" genannt wird. Die Amerikaner – die Europäer unterscheiden sich in dieser Hinsicht nicht viel von ihnen – benutzen ihre Mobiltelefone mittlerweile fünf Stunden am Tag (Stand: 2016). Was jedoch nicht umgehend dazu geführt hat, die eingeschliffene kulturelle Praxis, bei Zeitentscheidungen die Uhr zu konsultieren und sie als Leitbild der Zeitorganisation zu nutzen, wie das elektrische Licht nach dem Aufgang der Sonne abzuschalten.

Umlernen ist angesagt. Wie der vertaktete Uhrzeitmensch erst durch Erziehung und Dressur hergestellt werden musste, um dem mechanischen Zeitmesser das zeitliche Machtmonopol zu sichern, so müssen auch die vielen spätmodernen Multijobber erst geschaffen werden, die ihre „Mobiltelefone" und „Smartphones" wie andere ihre Haustiere füttern und pflegen. Genaueres lässt sich bei Karl Marx nachlesen. In der Einleitung zur *Kritik der Politischen Ökonomie* schreibt er: „Die Produktion produciert daher nicht nur einen Gegenstand für das Subjekt, sondern auch ein Subjekt für den Gegenstand." Die Dressur zu freiwilliger Abhängigkeit – nichts anderes nennt Marx die „Produktion des Subjekts für den Gegenstand" – unter die Knechtschaft mitgeschleppter Gegenstände traf lange Zeit auf die Uhr zu. Sie wird heute von dem die zeitlichen Handlungsmöglichkeiten erweiternden Smartphone abgelöst.

Allein, die Abrichtung zur freudigen Entgegennahme digitaler Zeitdiktate wird bei der Smartphonedressur nicht ganz so autoritär und brutal sein, wie sie dies einst bei der Uhrzeiterziehung war. Auch weil sie nicht, wie noch die Veruhrzeitlichung, in erster Linie in den Institutionen Schule und Kaserne, sondern „auf der Straße" stattfindet. Wie die Kinder der Moderne, nachdem sie die Uhrenlogik begriffen hatten, eher gezwungen als freiwillig lernen mussten, pünktlich zu werden und immer wenn es möglich war, aufs Tempo zu drücken, so lernt der Mensch des 21. Jahrhunderts, nachdem er jetzt gelernt hat, Uhrzeit und Pünktlichkeit loszulassen, von Kindesbeinen an flexibel mit Zeit, mit Zeitmustern und Zeitproblemen umzugehen und, schaut die Polizei nicht hin, die Geschwindigkeit zu übertreten. Skepsis und Zurückhaltung jedoch sind angesagt; zumal man die Agenturmeldung, Kinder würden klüger, wenn man ihnen bereits kurz nach ihrer Geburt ein Smartphone in die Hand drückt, auf nicht allzu belastbaren Daten beruht.

Fragt man heute Passanten auf der Straße nach der aktuellen Uhrzeit, kramen die Angesprochenen, je jünger sie sind desto wahrscheinlicher ist es, in den Taschen nach ihrem digitalen Assistenten. Der gibt ihnen die Antwort. Hätte man es nicht bereits irgendwo gelesen, wäre dies der Augenblick, der offenkundig macht, dass das Mobiltelefon und seine smarten Abkömmlinge inzwischen die einstmals von der Uhr besetzten Plätze erobert haben. Niemals zuvor in der Technikgeschichte hat ein auf den Markt kommendes Gerät in vergleichbar rascher Zeit die Menschen ähnlich schnell in seinen Bann gezogen wie der mobile Minicomputer mit dem Namen „Smartphone". Die Uhr hat mehrere Jahrhunderte gebraucht, um ins Alltagsleben der Bürger und Bürgerinnen Einzug zu halten. Dem Smartphone gelang das in einem Jahrzehnt. „Ein jegliches hat seine Zeit" (Prediger) – in doppeltem Sinne.

Die Zeiten liegen noch nicht lange zurück, da verließ ein mittelalter, karriereorientierter Zeitgenosse in der Frühe seine Wohnung niemals ohne Armbanduhr und überfüllten Terminkalender. Heute prüft er, ob er auch seine beiden Mobiltelefone, das für private und das für geschäftliche Angelegenheiten, in den Taschen seines Jacketts verstaut hat. Drohte dem Menschen der Industriegesellschaft der Kontrollverlust, wenn er nicht wusste, wie spät es ist, so neigt der digital aufgerüstete Zeitgenosse zu Panikattacken, wenn sich Zweifel einstellen, ob die Überall- und Immererreichbarkeit auch immer sichergestellt ist. Das Smartphone beschränkt sich nicht nur darauf, dem Zeithandeln die Richtung und das Tempo vorzugeben, es garantiert auch die Fortsetzung dessen, was die Uhr mit den Menschen gemacht hat, „die Umsetzung von äußerem Zwang in inneren Zwang" (Sigmund Freud).

Das Ende der Uhr ist nicht das Ende der Zeit

Um Zweifel und Ängste gar nicht erst aufkommen zu lassen, eine Klarstellung: Die Stunde hat offiziell immer noch 60 Minuten und der Tag, für Kant eine subjektive, keine objektive Gabe, „beliebige Sinndinge … miteinander zusammenzuordnen", weiterhin 24 Stunden. Es häufen sich jedoch die Anlässe, daran zu zweifeln. Das ist zum Beispiel der Fall, wenn schulpflichtige Kinder ihren Eltern davon Kenntnis geben, dass für den halbjährlich stattfindenden Tagesausflug neuerdings nur zwei Stunden angesetzt sind. Irritationen löst auch das Angebot eines alpenländischen Kurhotels aus, das 14-tägige Heilfasten in fünf Tagen abzuwickeln. Noch etwas verwirrender die Zeitungsmeldung, die Wetterstatistik wiese für die vergangenen 15 Jahre drei Jahrhunderthochwasser aus. Alles das sind Skurrilitäten, die man auch als Zeichen und Belege für die Tatsache hernehmen kann, dass die bisher geltende Zeitordnung ins Schwimmen oder vielleicht sogar ins Schleudern geraten ist. Davon ist spätestens auszugehen, wenn man in der Einladung zu einer mehrtägigen Veranstaltung den Tagesordnungspunkt findet: „Open-End gegen 16.00 Uhr" und nach beendetem offenem Ende bei der Suche nach einem Speiselokal am Eingang auf einer Tafel informiert wird: „Spargelwochen ab 17.30 Uhr". Alles das sind Zeichen, die erklären, warum das Management des Weltkonzerns Brown Boveri (BBC) seine Mitarbeiter und Mitarbeiterinnen mit folgender Information überrascht: „Die Uhr im Kopf ist nicht mehr zeitgemäß" und diese Erkenntnis als Begründung anführt, die Präsenzzeiterfassung, einschließlich Stempeluhren, abzuschaffen. Das hat, wie sich aus der Presse entnehmen lässt, auch die Verwaltung der Stadt München im Rahmen der Einführung eines neuen computergestützten Systems der Arbeitszeitbewirtschaftung so entschieden.

Dass wir uns zu Beginn des dritten nachchristlichen Jahrtausends nach etwa 500 Jahren Veruhrzeitlichung und Vertaktung dem Ende der Uhrenherrschaft nähern, hat auch sehr viel mit dem Sachverhalt zu tun, dass das Verständnis von Arbeit einen Wandel hinter sich hat, der mit dem Prädikat „radikal" zutreffend beschrieben wird. Die Arbeitsformen der Gegenwart – und die der Zukunft noch mehr – zeichnen sich durch hohe Flexibilität, rasch wechselnde Arbeitsorte, variable Tätigkeitsmuster und eine spürbare Tendenz zur Entgrenzung von Arbeitszeit und Freizeit sowie Berufs- und Privatleben aus. Neigt man zu Dramatisierungen, dann heißt das, dass wir heute an einem Punkt angelangt sind, an dem vieles von dem, woran wir uns gewöhnt hatten und was wir für stabil hielten, ins Rutschen geraten ist. Mit dem triumphalen Einzug der Mikroelektronik in die Arbeitswelt gibt die Uhrzeit ihre Zeitgeberrolle an die jüngere und attraktivere Rivalin „Flexibilität" ab. Die ist es, die sich hinter der OrganizerApp verbirgt, mit der die heutigen Zeitgenossen, die sich bemühen, stets auf dem Laufenden zu sein, ihre Zeit minutiös planen.

Schaut man, in der Schule einst zum Uhrzeitmenschen erzogen und heute zum unterwürfigen Befehlsempfänger eines Smartphones mutiert, auf sein Zeitleben und bewertet es, kommt man zu dem Schluss, der Diktatorin Uhr mehr Zeit geopfert und mehr Zuneigung gewährt zu haben, als sie es verdient hat. Dieser Entwicklung, der wir dann, wenn sie zeitzonenübergreifend ist, gerne das Etikett der mysteriösen Schicksalsmacht „Globalisierung" aufkleben, ist Folge eines „Weltweitwerdens" kapitalistischer Marktdynamiken. Angetrieben von der Maßlosigkeit des Zeit-ist-Geld-Prinzips, das sämtliche Zeit in den Dienst des Kapitals stellt. Die globale Ausdehnung der Handelsströme, die Erweiterung der Kommunikation und des Reiseverkehrs, dazu die Ausbreitung der Aktivitätszeiten, auch der geschäftlichen, in die künstlich erleuchteten Zeiten der Nacht, führen zur weltweiten Expansion käuflicher Zeit. Die ort- und zeitlosen Echokammern des Internets übernehmen dabei die traditionell von der Uhr besetzte Position der zentralen Betriebsgröße der Zeitorganisation.

Bis in die zweite Hälfte des 20. Jahrhunderts hinein hatte, als es um die zeitliche Organisation des gesellschaftlichen Geschehens und die Ordnung des individuellen Tuns und Lassens ging, die Uhr das unumstrittene Herrschaftsmonopol. Als Zeitordnungsmittel war sie, gemeinsam mit dem Kalender, konkurrenzlos. Der wirtschaftliche Erfolg annähernd aller wohlhabenden Volkswirtschaften basiert auf der übereinstimmenden und langandauernden Bereitschaft der Gesellschaftsmitglieder, Zeitentscheidungen an den Zeitsignalen der Uhr und ihrem Beifang, dem „Takt", auszurichten. Denn die Voraussetzung der Mehrung des Geld- und Güterwohlstandes war die Loslösung des Zeitlichen von jeglichem besonderen Inhalt, war ihre Naturferne, ihre Erfahrungsdistanz und ihre Situationsunabhängigkeit. Nirgendwo feiert die abstrakte, von allen Erfahrungs- und Erlebniszusammenhängen getrennte Zeit der Uhr größere Erfolge als in der Ökonomie. Allein die Uhrzeit kann in den Dienst des Kapitals gestellt, in Geld verrechnet und zur Kalkulation von Effizienzstandards und Profiten verwendet werden. Die kapitalistische Wirtschaft erklärt die Uhrzeit zu einem Produktionsfaktor, der im globalen Wettbewerb über Gewinne und Verluste, materiellen Wohlstand und Armut entscheidet.

Die Uhr, die der Zeit ein falten- und altersloses Gesicht gegeben hat, war es dann auch, und ist es in vielen Bereichen bis heute, die über die ökonomische Lebenswelt hinaus der Daseinsgestaltung des Alltäglichen als konkurrenzloses Vorbild ihrer Zeitorganisation diente. Ihre Alternativlosigkeit ließ die Menschen schließlich vergessen, dass die Uhrzeit-Ordnung nichts Naturgegebenes, Unveränderliches und Selbstverständliches ist, sondern „nur" eine real gewordene menschliche Vorstellung, die auch ganz anders hätte ausfallen können. Es verlangt ein hohes Maß an Vorstellungs- und Einbildungskraft, den Fortschritt der Zeiger, die Abfolge von Zeitpunkten zu „voranschreitender" bzw. zu „vergehender" Zeit zu erklären. Mit dem Chronometer messen und ordnen wir ja nicht wirkliche Zeit, sondern lediglich ihren Fußabdruck, das, was wir uns unter Zeit vorstellen. Die Uhr ist nicht mehr als eine vom Werkzeugmacher Mensch erfundene Prothese, bei der die Zeit nur deshalb vergeht, weil die Zeiger voranschreiten. Die Uhr setzt den Uhrmacher voraus, zählt also zu jenen einflussreichen und wirkmächtigen Erfindungen, die der altgriechische Geschichtsschreiber Herodot, der noch keine Ahnung von einer mechanischen Uhr hatte, „das von Menschen Erzeugte" nannte. An die Stelle der unvermittelten sinnlichen Wahrnehmung trat ein technisches Gerät, das im Laufe der Zeit ein stetig größeres Eigenleben führte und das als geachtete und oftmals geliebte Diktatorin den Zeitalltag zunehmend beherrscht hat.

Dabei haben uns die Uhren nicht, wie das die von der Uhrzeit Profitierenden den Menschen über Jahrhunderte angekündigt und versprochen haben, zu Herren, sondern nur zu Messdienern des Zeitlebens gemacht. Das sah auch der Physiker Werner Heisenberg so: „Die Wirklichkeit von der wir sprechen können ist nie die Wirklichkeit an sich, sondern [...] eine von uns gestaltete Wirklichkeit". In Situationen, in denen das Zeiterleben und das Zeitempfinden nicht mit unseren Erwartungen übereinstimmt, ändern wir nicht, was naheliegen würde, unser Zeitverständnis und korrigieren nicht etwa unsere Vorstellung von „Zeit", sondern behaupten, die Uhr ginge „falsch". So reibungslos, wie es im Rückspiegel ausschaut, verliefen jedoch weder die Verbreitung noch die Akzeptanz der die Zeitansagen der Natur ablösenden bezifferten Zeiten. Die Skepsis und der Widerstand gegen die Veruhrzeitlichung, gegen die Enteignung der himmlischen und der natürlichen Zeitgeber, war in vielen Regionen Mitteleuropas und später dann auch bei Völkern und Kulturen anderer Kontinente, denen die Europäer glaubten, Uhrzeitdisziplin beibringen zu müssen, leidenschaftlich und heftig. Mal war er laut, hin und wieder auch gewalttätig, in den meisten Fällen jedoch eher leise. Mal war er plump, nicht selten aber auch poetisch. Sahen die einen in der Uhr ein Geschenk Gottes, betrachteten andere sie als die „Mühlen des Teufels".

Der Widerstand gegen die Veruhrzeitlichung des Lebens ist auch ein Indiz dafür, dass die Zeiten der Uhr nur sehr bedingt in der Lage waren, die menschlichen Zeitbedürfnisse zu befriedigen und ihre Zeitwünsche zu erfüllen. Vielleicht am radikalsten sicher aber am poetischsten, hat Georg Büchner seine Theaterfigur Leonce ein revolutionäres Zeitprogramm verkünden lassen: „Aber ich weiß besser was du willst, wir lassen alle Uhren zerschlagen, alle Kalender verbieten und zählen Stunden und Monde nur nach der Blumenuhr, nur nach Blüte und Frucht." Anders, mit wissenschaftsgeschichtlichen Andeutungen, beschreibt der französische Philosoph Michel Serres die Motive und die Hintergründe der Zeitkämpfe:

> *„Mit einem Male traten physikalische an die Stelle menschlicher Gesetze. Mit einem Male ersetzte die Wissenschaft die Geschichte. Mit einem Male herrschte das universelle, deduktive, jenseits der lokalen Kopie angesiedelte Gesetz. Mit einem Male eroberte das Leere das Himmelsgewölbe […] Die universelle Form ersetzte die lokalen Inhalte. Geometrie und Mechanik ließen die reich ornamentierten Landschaften vom Firmament verschwinden. Statt der Kulturen fand sich nun, in einer zweiten Himmelssphäre, die griechisch-neuzeitliche Vernunft über unsere Köpfe projiziert."*
>
> *(M. Serres/N. Farouki: Thesaurus der exakten Wissenschaften, Vorwort, S. XII. 2001)*

Die Zeit der Uhr, so Michel Serres, ist eine artifizielle Zeit. Ihre Künstlichkeit ist zugleich eine Distanzierung, streng genommen sogar ein Vergehen gegen die Natürlichkeit der Natur. Die gegen die Natur gerichtete Existenz des modernen Menschen ist in erster Linie Resultat der mechanischen Uhr und ihrer abstrahierenden Zeigerlogik. Durch die Uhr und ihre inhaltsleere Zeitansage verlor der Mensch seine Einbettung in die Natur. Die mechanisch hergestellte Uhrzeit war in der Moderne über lange Strecken deshalb übermächtig, weil sie zur einzigen Zeit erklärt wurde. Das aber, und das erklärt den Widerstand gegen ihre Wirkmächtigkeit, ist sie nicht. Sie ist vor allem nicht jene Zeit, die das Leben zwischen Geburt und Tod, zwischen Einzug und Auszug aus dem Gästehaus der Zeit, wo das, worauf es ankommt, stattfindet, möglich macht und ihm Qualität verleiht. Die Obrigkeit sorgt dafür – gegenwärtig ist es das europäische Parlament – dass die Bürger und Bürgerinnen Europas zweimal im Jahr, bei der im Frühjahr und Herbst erfolgenden „Zeitumstellung", die keine „Zeit-" sondern eine „Uhrumstellung" ist, diese Erfahrung „hautnah" machen können. Weder macht die im Frühjahr dem Tag gestohlene Uhrzeitstunde die Menschen schlagartig eine Stunde älter noch hält die ein halbes Jahr später wieder erstattete Stunde den Prozess des Älterwerdens für 60 Minuten auf.

Die Uhr ist eng mit der Idee der Selbstbefreiung, der Erlösung aus eigener Kraft verbunden. Das hat ihr zu ihrem gleichermaßen großen wie raschen Erfolg verholfen. Sie hat die Menschen dabei unterstützt, sich von der Natur unabhängiger und sie hat viel dazu beigetragen, ihnen das zeitliche Geschehen überschaubarer und verständlicher zu machen. So konnten sich die veruhrzeitlichten Subjekte nicht nur als Opfer, sondern auch als Täter des alles Lebendige durchdringenden Werdens und Vergehens sehen, verstehen und erfahren. Die Uhrenmechanik hat die leblose, dafür aber berechen- und kalkulierbare Regelmäßigkeit des Taktes an die Stelle nicht planbarer und unangekündigter natürlicher Lebendigkeit gesetzt. Und trotzdem kommt Sigmund Freud zu der Feststellung, „wollen wir auch nicht [...] vergessen, dass der heutige Mensch sich in seiner Gottähnlichkeit nicht glücklich fühlt". Die Uhrzeit hat die

Menschen nicht glücklicher gemacht. Die Aussicht auf glücklichere Zeiten aber hat die Uhrenbesitzer immer wieder dazu verführt, sich ungeprüft den Befehlen und Zwängen des mechanischen Messgerätes zu unterwerfen. Doch die mit dem Chronometer und dessen Zeit in die Welt gesetzte Vorstellung, der Mensch könne sein Tun und Lassen und das Werden und Vergehen nach Belieben beeinflussen, er wäre in der Lage, die Zeit zu managen, zu sparen, über sie zu verfügen und sie zum Maß aller Zeiger zu machen, hat sich als trügerisch herausgestellt. Deutlicher als Nietzsche hat es niemand gesagt: „Der Mensch wird – das will Hegel uns glauben machen – erst dann ganz frei sein, wenn er sich mit einer völlig von ihm selbst geschaffenen Welt umgibt. Genau das hat er getan, und nie war er so angekettet, so versklavt wie jetzt."

Quantifizierte Zeit kappt die Verbindung zu all dem Geschehen, das sich außerhalb des Räderwerks abspielt, und wird, wie von Hegel beschrieben, zur „reinen Unruhe des Lebens". Über diese Unruhe klagt auch Hegels Zeitgenosse, der unstete und unglückliche Dramatiker Heinrich von Kleist: „Ach, es ist meine angeborene Unart, nie den Augenblick ergreifen zu können, und immer an einem Orte zu leben, an welchem ich nicht bin, und in einer Zeit, die vorbei, oder noch nicht da ist." Sollte das, was Kleist treffend beschreibt, wirklich eine „angeborene Unart" sein, dann ist es vor allem eine, die von dem damals herrschenden Zeitgeist mit aller Macht verstärkt wurde.

Es ist vor allem die Quantifizierung der Zeit, die den Chronometer zu einer kalkulatorisch und physikalisch einsetzbaren Größe macht. In der Physik lässt sich Zeit in dieser Form als Variable in Funktionsgleichungen einsetzen und von den Ökonomen lässt sie sich ohne großen Aufwand in Geld aufwiegen. Wie sich das Gras in der Kuh zu Milch verwandelt, so die abstrakte Zeit in der Wirtschaft in eine Ware. Die Kaufleute schleusen das „Zeitgeschehen“ solange durch den ökonomischen Verdauungstrakt, bis es die Form der Ware annimmt. Jenseits warenförmiger Zeiten, wo die Zeit nicht mit Geld aufgewogen, sondern zum Beispiel mit Liebe verglichen und in Liebe umgewandelt wird, sieht das Leben völlig anders aus. Eher so, wie Goethe sich dies vorstellt: „Leben ist ein großes Fest, / wenn sich's nicht berechnen lässt.“ Spielt das Geld keine Rolle und geht die Zeit mit ihm keine Beziehung ein, ist sie nicht knapp, da täglich neue nachkommt. Walter Benjamin hat dafür ein schönes Bild gefunden: „Der Tag liegt jeden Morgen wie ein frisches Hemd auf unserem Bett.“

Wachsende Zeitrationalität und stetig steigende Zeitrationalisierung begleiten und markieren die Erfolgsgeschichte der das Dasein gestaltenden Uhrzeitordnung. In wachsender Kontroll- und Verwaltungseffizienz, in immer detaillierteren und präziseren Kosten- und Ertragsrechnungen und nicht zuletzt in der grenzenlosen Beschleunigung unserer Lebensverhältnisse findet der Siegeszug der Uhr und ihrer Zeitlogik ihren deutlichsten und am meisten anerkannten Ausdruck. Die Geschichte der zu Ende gehenden Uhrzeit-Epoche ist voller großer Triumphe. Der Ort des jüngsten und möglicherweise auch des letzten Triumphs war der Mond, als mit dem Menschen auch die Uhr den einzigen natürlichen Satelliten der Erde erstmalig betrat.

In ihrer Gewichtigkeit für die Entwicklung der Verwaltung, für die Bedeutsamkeit der Wirtschaft und die Gestaltung des Alltagslebens ist die Uhr nur schwerlich zu überschätzen. Sie ist Produkt und zugleich auch Zeichen einer modern gewordenen, einer aufgeklärten Vernunft und hat wie nichts Vergleichbares die Vernunft der Moderne geprägt. Es waren vor allem die Uhr und ihre Logik, die die Bevölkerung vom magischen Bewusstsein zu rationalerem Denken und Handeln umprogrammiert haben. Uhren sind vernünftig, Menschen sind das nicht immer und nicht überall. Die Einwohner der Stadtrepublik Florenz, die zu den ersten zählten, die die Vorzüge der damals neuen mechanischen Uhren entdeckt und genutzt haben, ließen sich durch ihre Logik schließlich sogar zu der unrealistischen Erwartung verführen, mithilfe der Uhr *per ragione* – also mit Vernunft – alle Probleme lösen zu können. Doch nicht erst ab dem Zeitpunkt, als die Schwächen der Uhr und die Probleme ihrer inhaltsleeren Zeit offensichtlich wurden, wissen wir, dass dies eine trügerische Erwartung war.

Blick in den Rückspiegel

Die Erfindung der mechanischen Uhr – nicht wenige Historiker sehen in ihr die wirkmächtigste und folgenreichste Erfindung der Neuzeit – markiert in der Zeit-Geschichte der Menschheit eine Zäsur. Wäre diese unterblieben, lebten die Menschen weiterhin „zeitlos". Vor diesem Einschnitt waren es das Geschehen am Himmel, das der äußeren Natur und die Signale des eigenen Körpers, die neben festlichen und feierlichen sozialen Ereignissen die Menschen durch den Alltag geleitet haben. Abstrakte Daten, Termine oder gar Deadlines spielten dabei keine Rolle. Zeit war stets qualitativ, stets Ereigniszeit, immer eine Folge sinnlich wahrnehmbaren Werdens und Vergehens. Der Frühling begann, „wenn alles fängt zu blühen an auf grüner Heid und überall", und Frühlingsanfang war nicht, wie die Medien es uns in ihrem naturignoranten Präzisionswahn vermelden, am 20. März 2018 um 17:14:33 Uhr.

Die Zeit war in der Voruhrenzeit eine Angelegenheit Gottes. Sie gehörte zu seinem Besitz. Sündig wurden die, die ihm ins Handwerk pfuschten und ihm sein Eigentum streitig machten. Das änderte sich in dem Augenblick, als Zeit zur Uhrzeit wurde, als man dem Tag ein Datum verlieh und es zur Gewohnheit wurde, die Tage zu zählen. Seitdem ist alles, was wir über Zeit denken und sagen, wie wir Zeit organisieren und mit ihr umgehen, von der Uhr und ihrer abstrahierenden Zeitlogik kontaminiert. Die im Laufe der Zeit immer umfassender veruhrzeitlichten Menschen verloren schließlich die qualitativen Aspekte der Zeit mehr und mehr aus den Augen, vernachlässigten sie in ihrem Denken und bei ihrem Tun und Lassen. Heute kompensieren sie diesen Verlust durch eine abermalige qualitative Aufladung der verdateten Kalendertage. Ein Tag im Jahr wird zum Weltspartag erklärt, ein anderer zu dem des Baumes deklariert, ein dritter, vierter und fünfter zum Tag der Familie, des Buches, des Denkmals undsoweiter undsofort.

Ohne die bereits bald nach der Erfindung der Uhr einsetzende großflächige Veruhrzeitlichung der Bevölkerung und des chronometrischen Blicks auf die Welt, die Natur und den eigenen Körper wäre vieles dessen, was wir heutzutage schätzen und auf das wir keinesfalls verzichten möchten, unser materieller Wohlstand und die Qualitäten unseres Alltagslebens, unseres Bildungs- und Gesundheitssystems, nicht möglich gewesen. All das und anderes mehr basiert auf der zusammen mit der mechanischen Uhr in die Welt gekommenen Vorstellung, der Mensch könne irdische Problemlagen mit irdischen Mitteln bewältigen und wäre in der Lage, der Geschichte einen Fahrplan in die Richtung einer steigenden Verbesserung, „Fortschritt" ist der heute geläufige Begriff dafür, zu verpassen. Grundlagen dieses bis heute anhaltenden Fortschrittsstrebens waren die durch die Uhr verbreiteten und angelernten Kulturtechniken des Messens, des Planens und des Kalkulierens. Diese „Auflösung der Welt in Zahlen" (Sombart) gehört heute zu den erfolgreichsten Verfahren unseres Erkenntnisvermögens.

Seit dem Einzug der mechanischen Uhr in die Zeitwelt und deren Verwendung bei der Gestaltung des Zeitlebens beobachtet, beschreibt und versteht die Gesellschaft sich als eine messende und auch als eine vermessene Gesellschaft, die Zeit zur bezifferbaren Zeit macht. Diese eröffnet dann Möglichkeiten, die Wertigkeit von Zeitformen und Zeitqualitäten in Richtung eines expandierenden Zeit-ist-Geld-Denkens und Zeit-ist-Geld-Handelns zu erweitern. Auf diesem Weg wird die Natur, die den Menschen der Voruhrenzeit zur Zeitorientierung diente, vor allem als Naturkapital interessant. Im Wald erkennt man heute in erster Linie den Holzlieferanten, im romantischen Gebirgstal den Ort für einen profitablen Freizeitpark, in der Zeit sieht man primär kapitalisierbare Zeit und im Menschen das Humankapital.

Aus mechanischen Uhren besteht das Spalier, durch das modernes „Zeit ist Geld"-Denken, wichtigster Baustein kapitalistischen Wirtschaftens, in die moderne Zivilisation Einzug hielt. Der Unterschied zwischen 14.10 Uhr und 14.20 Uhr ist für den Kapitalisten bekanntlich ein Mengen- und kein Qualitätsunterschied. Und dieser Mengenunterschied ist es, der die Zeit preiswürdig und die Menschen humankapitalfähig macht. Nicht entscheidend ist für den Kapitalisten, wie viel man von der Zeit hat, wichtig ist für ihn allein, wie viel Zeit man hat. Kurzum: Ohne die mechanische Uhr hätten wir den Kapitalismus und seine Leidenschaft, Zeit in Geld zu verrechnen, niemals kennengelernt.

Heute erfährt die Idee der Berechenbarkeit der Zeit, über die westliche Welt hinausgehend in nahezu sämtlichen Lebensbereichen, breite Anerkennung. Dazu beigetragen hat auch der Königsberger Philosoph Immanuel Kant. Für ihn sind Zeit und Raum keine inhaltlichen Begriffe menschlichen Denkens, sondern (apriorische) Formen des Denk- und Wahrnehmungsvermögens. Er sieht in ihnen unhistorische und abstrakte Kategorien, die unabhängig von Geschichte, Gesellschaftsform und kulturellen Eigenheiten existieren. „Zeit" ist von aller Qualität gelöste reine Form der Anschauung, „Verschiedene Zeiten sind nur Teile eben derselben Zeit." (Kant 1979/1781, S. 104)

Eine Konkretisierung dieser Vorstellung lieferte Kant in der zeitlichen Organisation seines Alltagslebens. Heinrich Heine gewährt uns einen lebendigen Einblick in den nicht gerade überbordend lebendigen Tagesablauf des einflussreichen Philosophen:

> *„Ich glaube nicht, daß die große Uhr der dortigen Kathedrale leidenschaftsloser und regelmäßiger ihr äußeres Tagewerk vollbrachte wie ihr Landsmann Immanuel Kant. Aufstehen, Kaffeetrinken, Schreiben, Kollegienlesen, Essen, Spazierengehen, alles hatte seine bestimmte Zeit, und die Nachbarn wußten ganz genau, daß die Glocke halb vier sei, wenn Immanuel Kant in seinem grauen Leibrock, das spanische Röhrchen in der Hand, aus seiner Haustüre trat und nach der kleinen Lindenallee wandelte, die man seinetwegen noch jetzt den Philosophengang nennt. Achtmal spazierte er dort auf und ab, in jeder Jahreszeit, und wenn das Wetter trübe war oder die grauen Wolken einen Regen verkündigten, sah man seinen Diener, den alten Lampe, ängstlich besorgt hinter ihm drein wandeln, mit einem langen Regenschirm unter dem Arm, wie ein Bild der Vorsehung."*
>
> *(H. Heine: Zur Geschichte der Religion und Philosophie in Deutschland, S. 74. Erstveröffentlichung 1834)*

Das Studium dessen, was Kant zum Thema „Zeit" geschrieben hat, lohnt sich auch heute, weniger hingegen die Nachahmung seines dem Gang eines Uhrwerks folgenden Tagesablaufs, den seinen Nachbarn, an deren Häusern ihn seine regelmäßigen Spaziergänge vorbeiführten, zum Justieren ihrer Uhren nutzten. Dass Kants praktischer Umgang mit Zeit jedoch nicht die Skurrilität eines Stubengelehrten war, sondern dem Zeitverhalten eines einst verbreiteten Sozialcharakters entsprach, lässt sich bei Robert Musil in seinem *Mann ohne Eigenschaften* nachlesen. Mit der ihm eigenen ironischen Distanzierung schreibt Musil: „Sie lieben das ordentliche Nacheinander von Tatsachen, weil es einer Notwendigkeit gleichsieht, und fühlen sich durch den Eindruck, daß ihr Leben einen ‚Lauf' habe, irgendwie im Chaos geborgen." Die Geborgenheit, die Musil beschreibt, finden die Menschen nicht mehr in der Zeit, sondern vor allem in der Uhr. Und das ist dann auch der Grund, warum die Frage, die man an seine Mitmenschen auf der Straße richtet, nicht „wie viel Zeit ist es?" lautet, sondern „wie viel Uhr ist es?"

Für eine Mehrheit der Mitteleuropäer ist das Uhrzeitdenken und Uhrzeithandeln, auch wenn sich dies heute zu ändern beginnt, nichts Ungewöhnliches. Im Elternhaus, in der Schule und während der Berufsausbildung wird es jedem jungen Menschen, der in diese Gesellschaft hineinwächst, mit dem Ziel beigebracht, dass dieser später freiwillig tut, was man von ihm verlangt. Und das ist, wenns um Zeit geht, die Anerkennung der Uhr als der einzig akzeptierten Zeitautorität und die widerstandslose Folgebereitschaft was ihre Zeitansage betrifft. Die Logik der Uhr spiegelt sich in den vertakteten Zeit-Programmen des Alltäglichen, so unter anderem in den Lehrplänen der Bildungsanstalten, den Fahr- und Flugplänen der Verkehrsmittel und in den Sendeprogrammen der Unterhaltungsmedien. Nur einer Minderheit der Zeitgenossen und Zeitgenossinnen ist dabei jedoch bewusst, dass sowohl das uhrzeitliche Ordnungsdenken wie auch der ausgeprägte Wille zur uhrzeitlichen Gestaltung des Werdens und Vergehens ein relativ später Einfall der Geschichte war, der auch ganz anders hätte ausfallen können.

Die ethnologischen Wissenschaften lehren, dass Völkern und Stämmen mit nur geringem Kontakt zur westlichen Zivilisation – das gilt im Übrigen auch für die bewunderten antiken Kulturen – das kalkulatorische Zeitdenken und das verplante Zeithandeln fremd war und, sofern diese Kulturen den globalisierten „Fortschritt" überlebt haben, zuweilen bis auf den heutigen Tag noch fremd ist. Einer fern von der Uhrzeit aufgewachsenen Person kommt es närrisch vor, wenn sie beobachtet, dass ganze Völker und Gemeinschaften ihr Zeithandeln an qualitätslosen Zeigerverläufen und inhaltsleeren Kalenderdaten ausrichten. So weigern sich etwa die in den nordafrikanischen Bergen Algeriens lebenden Kabylen, von Uhren Befehle und zeitliche Anweisungen entgegenzunehmen. Dem afrikanischen Denken ist das mechanistische Denken des veruhrzeitlichten Mitteleuropäers, nicht weniger als dessen Zukunftsorientierung, fremd. Häufig vergessen wir auch, dass Gesellschaften erst vor 500 Jahren, und in vielen ländlichen Regionen dieser Welt erheblich später, zu jenen Ordnungsvorstellungen fähig und willens wurden, die auf der abstrahierenden Distanz zwischen Konkretem und Besonderem, zwischen der Zeit der Uhr und den Zeiten der Natur aufbauen.

Eine so unvergleichlich erfolgreiche Karriere, wie sie der Räderuhr, ihrem Takt und ihrer Zeitansage vergönnt waren, bleibt nicht unumstritten. Kritik an der Uhr und Widerstand gegen deren monopolistische Zeitmacht begleiteten den Einzug der Zeitmaschine in annähernd sämtliche Lebenswelten. Die in wechselvollen und konfliktreichen Schritten voranschreitende Veruhrzeitlichung der Lebensverhältnisse hat nicht nur beabsichtigte, sondern auch ungewollte und unbeliebte Folgen, die wir uns angewöhnt haben, „Nebenfolgen" und Nebenwirkungen zu nennen. Die zum Sprichwort mutierte Erkenntnis, dem Glücklichen schlüge keine Stunde, basiert auf der Erfahrung, dass die „gestundete" Zeit die Menschen nicht zufrieden macht, weil sie ihnen Zeitwohlstand, Zeitsattheit und Zeitgenuss verweigert.

Den mutigen Schritt einer Abkehr von den Zeiten der Natur hin zur Uhrzeit, von einer tanzenden und rhythmischen zu einer marschierenden, vertakteten Zeit hat man nicht gewagt, um die Menschen zufriedener und zeitsatter zu machen. Auch nicht, um dem sozialen und dem individuellen Leben mehr zeitliche Möglichkeiten zu eröffnen. Der Zeitenwechsel vom Zeitmuster Rhythmus zum Zeitmuster Takt geschah in allererster Linie aus wirtschaftlichen und ordnungspolitischen Interessen und Motiven. Vor allem handelte es sich dabei um die Bedürfnisse und Bedarfe einer präziseren Kalkulation der Zeitverläufe, sie genauer und besser messen und planen zu können. Belohnt wurden die Anstrengungen durch eine Mehrung des Geld- und Güterwohlstands, durch wachsende Mobilität und mehr Beschleunigung.

Der Rückblick zeigt die Veränderung. In den antiken Hochkulturen bestand Konsens, dass all die, die schneller als das Leben sein wollten, Probleme mit der Wirklichkeit bekommen und sich Schwierigkeiten mit der Wahrnehmung und ihrer Realitätseinsicht einhandeln. Ihre Dichter besangen die Trägheit, ihre Philosophen verachteten die Arbeit und der wohnsitzlose Athener Freigeist Diogenes predigte den Vorzug der Selbstgenügsamkeit und der Bedürfnislosigkeit. Das hat sich mit der Veruhrzeitlichung grundlegend verändert. Die spätmoderne Gesellschaft von heute sieht das in der Antike als Zeichen der Würde gepriesene und als Ausweis der Lebensklugheit, der Selbstachtung und Selbstsorge geschätzte bedächtige Tempo nur mehr für Mitglieder im gesetzlich geregelten Rentenalter vor.

Für die Philosophen und die Theologen des Mittelalters führten noch zwei Pfade zu einem erfüllten und beglückten Leben. Der eine über die Aktivität *(vita activa)* und ein zweiter über die Beschaulichkeit, die Kontemplation *(vita contemplativa)*. Als die Menschen noch kompetenter im Nichtstun waren, besaß die *vita contemplativa*, das betrachtende und beschauliche Dasein, einen hohen, der *vita activa* zuweilen sogar übergeordneten Status. Selbst für den strengen Thomas von Aquin war das so: „Es ist also zu sagen, dass das beschauliche Leben schlechthin besser ist als das tätige Leben."

Während des langen Vorabends zum Zeitalter der Industrie vollzog sich in Europa dann ab Mitte des 17. Jahrhunderts ein grundlegender Bedeutungswandel. Die Beschaulichkeit verlor an Attraktivität. Ihre positive Bewertung verblasste in dem Augenblick als, forciert durch den Protestantismus, der Gottesdienst mit Namen „Arbeit" begann. Das Historische Wörterbuch der Philosophie spricht vom „Verlust" der *vita contemplativa* mit fortschreitender Modernisierung, und Goethe klagte darüber, „dass diese Welt für die Ruhigen und die Müßigen keinen Platz mehr hat".

Zu Goethes Lebzeiten begann man dann auch den Aktivitäts-Pfad zu einer mehrspurigen Schnellstraße auszubauen, während man den Weg der Beschaulichkeit, des kontemplativen Lebens, immer mehr zu einem unattraktiven Grünstreifen zwischen den Hochgeschwindigkeitsstrecken des daueraktiven Lebens verkümmern ließ.

Ihren Zenit hat die Erfolgsgeschichte der Uhr vor 100 Jahren bereits überschritten, als die Relativitätstheorie Albert Einsteins mit der bis dahin widerspruchslos akzeptierten Newton'schen Vorstellung einer „absoluten", einer von ihren eigenen Bewegungen unabhängigen, gleichmäßig fließenden Zeit, Schluss gemacht hat. Einstein lieferte den Beweis, dass die

„objektive" Zeit keineswegs als universal gültige, unveränderliche Größe gedacht werden darf, sondern nur innerhalb eines bestimmten Bezugssystems Gültigkeit beanspruchen kann. Selbst für Physiker wurde die Zeit mit Einstein bunter und vielfältiger, da sie sich bekanntlich für relativ zueinander bewegte Beobachter mit unterschiedlichem Tempo bewegt. Solange die Zeitvorstellung von Newton die Physik beherrschte, hat Farblosigkeit die Zeitwirklichkeit bestimmt und geprägt. Dank Einstein kommen heute die Kräfte des innovatorischen Zeithandelns aus der Relativitätstheorie. Doch auch für ihn bleibt die Uhrzeit reine Mess- und Rechengröße. Eine eigene Dynamik, eigene Qualitäten hat die Zeit in der Relativitätstheorie nicht.

Und so kann man auch verstehen, dass es vor allem die qualitative Enthaltsamkeit der Zeit war, die Kulturschaffende und Künstler mit ihren Werken konfrontierten und kritisierten. Berühmt geworden sind vor allem die am Ende des 19. und Anfang des 20. Jahrhunderts in der Abenddämmerung des Industriezeitalters verfassten und publizierten literarischen Fluchtbewegungen fort von einer immer umfassender vermessenen und vertakteten Welt. Marcel Proust macht sich in seinen Kindheitserinnerungen auf die Suche nach der verlorenen Zeitqualität. Thomas Mann, alias Hans Castorp, begibt sich, zeitkrank geworden, zur Heilung in ein Sanatorium im Schweizer Hochgebirge. Über 100 Jahre zuvor bereits suchte Goethe alternative Zeiterfahrungen in den rhythmischen Zeitlandschaften Italiens. Im September 1786 hat er, Anlass war eine Bootsfahrt auf dem Gardasee, den umfangreichen zeitlichen Kontrollansprüchen der Uhr widersprochen. Bei einer Schiffstour zwischen Torbole und Malcesine in ein heftiges Gewitter geraten, notierte er in seinem Reisetagebuch: „Wenn man mit dem Wasser zu thun hat, kann man nicht sagen: ich werde heut da oder da seyn."

Robert Musil, Verfasser des unabgeschlossenen Großromans *Der Mann ohne Eigenschaften* nimmt 1913 gemeinsam mit seinem Protagonisten Ulrich für ein Jahr „Urlaub vom Leben". Franz Kafka verwandelt sich zur gleichen Zeit in einen Käfer und gibt in seiner Erzählung *Zum Nachdenken für Herrenreiter* den Rekordsüchtigen seiner Zeit den anregenden Denkanstoß: „Nichts, wenn man es überlegt, kann dazu verlocken, in einem Wettrennen der erste sein zu wollen."

Künstler, Schriftsteller, Maler, Bildhauer, Architekten und Filmemacher lehnen sich gegen die Konventionen der Zeit und die herrschenden Zeitordnungen auf und monieren die fehlende Pflege und Kultivierung von Zeitwohlstand und blühenden Zeitlandschaften. Ihre kreativen und nicht selten auch provozierenden Interventionen lassen sich als Kritiken an einer Uhrzeitmoderne verstehen, die für Alternativen ihres Zeitverständnisses und ihres Zeithandelns blind geworden ist. Und in der Tat, es ist nicht von der Hand zu weisen, dass das getaktete Fließband und die mechanische Uhr das Zeitdenken und Zeithandeln der Menschen weder kreativer noch fantasievoller oder flexibler gemacht und auch nicht zu größerer Zeitzufriedenheit geführt haben. Der Chronometer, in dem man ja auch ein Sekunden ausspuckendes rundes Fließband sehen kann, hat das individuelle und das soziale Zeitleben nicht nur zeitorganisatorisch entlastet, es hat dieses außerdem mit neuen, vor allem aber mit neuen kräftezehrenden Aufgaben der Zeitorganisation beschwert.

Irische Uhrzeitflexibilität
Ein irischer Bahnangestellter zeigt wie's geht.

Ein am Dubliner Bahnhof ankommender umfassend veruhrzeitlichter Festlandeuropäer versucht sich dort zeitlich zu orientieren und entdeckt dabei vier Uhren, die jeweils eine unterschiedliche Zeit anzeigen. Davon irritiert, spricht er mit tadelndem Unterton einen uniformierten irischen Bahnangestellten an und fragt ihn: „Was sollen denn diese vier Uhren hier am Bahnhof, wenn sie alle eine andere Zeiten anzeigen?“ Die souveräne Antwort des Iren: „Was sollen denn vier Uhren, die alle die gleiche Zeit anzeigen?“

Uniformierte Zeit

Mit den Zeiten des Industriekapitalismus dominieren die Mechanik und das Zeitmuster der Uhr die gesellschaftliche Zeitordnung, prägen die individuelle Zeitwahrnehmung und leiten das Zeithandeln. Die Uhrzeitlogik setzt sich in Körper, Gehirn und im Gemüt fest. Das Alltagsleben nimmt mehr und mehr Fahrt auf und wird, dies betrifft in erster Linie das Arbeitsleben, zunehmend vertaktet. Dies führt zu der paradoxen Situation, dass vor allem Systeme mit hoher Zeiteffizienz an chronischem Zeitmangel leiden. Ihre Mitglieder klagen über die Mangelerfahrung, dass ihnen die Arbeit kein ganzheitliches und zufriedenmachendes Erfolgserlebnis mehr gönnt. In der Uhr sehen sie eine erfolgreiche zeitzerhackende Maschine, die die Tage in Stunden und Minuten zerstückelt, sie in kleine Partikel und Elemente zerteilt und das Zeitleben dadurch klein und eng macht, weil sie es mit Terminen, Fristen und Deadlines überfrachtet. Die Uhr ist es, die die bürgerliche Lebensform zu einer Existenz unter Zeitdruck macht, in der das Gefühl des Nichthinterherkommens zur Dauerzumutung geworden ist.

Das ökonomische Interieur des Daseins ist überfüllt mit Lieferterminen, Zahlungsfristen, Zeittakten, Fahrplänen, Zeitfenstern usw. Sie alle verringern zeitliche Spielräume und schränken die temporale Spontaneität ein. Die Uhrzeit verpasst dem Leben und der lebendigen Zeit eine enge und oftmals auch zu eng geschnittene Uniform. Sie macht den Zeitalltag zu einem nicht enden wollenden Kampf und einem permanenten Wehren gegen die Zumutungen des zeitlichen Zwangsjackendaseins. Das ist bis heute so geblieben, obgleich das Industriezeitalter inzwischen seine Abschiedstour angetreten hat und die fixe Mail-Kommunikation den Briefverkehr – bis zum Beginn des 20. Jahrhunderts, als man noch Federn in Tintenfässer tauchte, ein wichtiger Teil der bürgerlichen Lebensform – abgelöst hat. Die twittrigen Zeiten für Kurznachrichten sind besser geworden, schlechter hingegen für Lyrik und längere Erzählungen.

Gedacht aber war das einmal ganz anders. Mit der Zeitmaschine Uhr erhoffte man sich, die Zeit disziplinieren zu können, sie, wie das Zeitmanagement es seinen Kunden verspricht, „in den Griff zu bekommen". Diszipliniert aber hat die Uhr schließlich nicht die Zeit, sondern die Menschen. Und die wiederum haben nicht die Zeit, sondern sich selbst in den Griff genommen. Sie haben allerdings die Fesseln der Uhrzeit immer häufiger mit Flügeln verwechselt und bekamen dabei nicht mit, dass sie zu jenen Gliedern von Uhrketten wurden, an denen ihre Urgroßväter einst stolz ihre Taschenuhren präsentierten.

In der sich über Jahrhunderte erstreckenden Uhrzeitdressur hat man dann schließlich vergessen, dass das Leben jenseits der Zeiger und des Taktes, insbesondere wenn es ums Glück, die Liebe und das zufrieden machende Leben geht, dem Dasein im Käfig der Uhrzeit vorzuziehen ist. Macht man sich in unseren Tagen auf die Suche nach besseren Zeiten, dann findet man diese am ehesten dort, wo Uhren, und das trifft inzwischen auch auf Mobiltelefone zu, keine Rolle spielen, wo sie weit weg oder defekt sind. Ob wir wollen oder nicht, wir werden uns an die Vorstellung gewöhnen müssen, dass Zeit nur dort wirklich lebendig ist und zeitzufrieden macht, wo der Einfluss der Uhr gering ist und wo sich das Zeitleben jenseits von Termindruck, Datierungszwang und Weckererschrecken entfalten kann. Fraglich ist, ob man auch ohne eine uhrzeitentgiftende Auszeit dorthin gelangt. „Mir ist absolut klar, dass alle Vögel das Recht haben, durch den Himmel zu fliegen, und dass die Menschen kein Recht haben, sie zum Zwecke von Geschäften oder aus anderen Gründen in Käfigen zu halten", so das Urteil des Richters Manmohan Singh vom Obersten Gerichtshof in Neu-Delhi. Dieses Recht haben nicht nur Vögel, das hat genauso die Zeit. Man kann es auch so sagen: Das ganze Zeitelend dieser Welt kommt daher, dass wir bereitwillig den Signalen unserer Chronometer und der in ihnen eingesperrten Zeit folgen und nicht den Zeichen der Natur und jenen unserer Kinder.

Heute wissen wir, auch weil Erfahrungen es in Hülle und Fülle belegen, dass die Erfolge der Uhr mit einem Verlust an Zeit- und Lebensqualität und an Wirklichkeitserfahrung einhergehen. Jeder Mensch hat Zeit, jeder jedoch eine andere, während Uhren alle die gleiche Zeit haben. Mit sanfter Ironie hat Robert Musil die technisch hergestellte Zeit, die jeglicher Stunde den gleichen Wert zuerkennt, beschrieben: „Münchhausens Posthorn war schöner als die fabrikmäßige Stimmkonserve, der Siebenmeilenstiefel schöner als ein Kraftwagen, Laurins Reich schöner als ein Eisenbahntunnel, die Zauberwurzel schöner als ein Bildtelegramm [...] Man hat Wirklichkeit gewonnen und Traum verloren."

Den Chronometer und das seiner Logik folgende Zeitdenken und Zeithandeln einschränkungslos als einen „Segen für die Menschheit" zu begreifen und zu feiern, dazu gibt es keinen Grund. Im Laufe ihrer Geschichte wurden sie zu häufig für zweifelhafte Ziele und fragwürdige Zwecke missbraucht.

Uhrzeit und Uhrentakt stoßen an ihre Grenzen, wo sie auf organische Substanzen und Dynamiken treffen deren Gesetzmäßigkeiten nicht beliebig manipulierbar sind. Das sind vor allem die Zeitmuster und Zeitgeber der inneren und der äußeren Natur; sie führen häufig zu Problemen des Wohlergehens und nicht selten auch zu gesundheitlichen Komplikationen. Selbst im Bereich der Ökonomie, der Schwerpunkt ist dabei die Land- und die Forstwirtschaft, lässt sich nicht jede Zeitentscheidung dem Uhrentakt unterordnen. Der Uhrenlogik als Verursacherin zuzurechnende Zeitprobleme treten gehäuft auch in den Lebenswelten „Kunst, Kultur" und „Erziehung, Bildung" auf. Sigmund Freud hat die von der Uhrzeit verursachten Probleme gesehen und beschrieben. „Der Mensch", so stehts in seiner berühmt gewordenen Abhandlung über *Das Unbehagen in der Kultur*, „ist sozusagen eine Art Prothesengott geworden, recht großartig, wenn er alle seine Hilfsorgane anlegt, aber sie sind nicht mit ihm verwachsen und machen ihm gelegentlich viel zu schaffen."

Die Idee, die Zeit-Welt nach dem Vorbild der Uhr zu ordnen und beherrschbar zu machen, findet auch in der Gegenwart noch viele Anhänger. Von einer täglich größer werdenden Zahl von Zeitgenossen aber wird diese Ordnungsvorstellung als zu „autoritär", zu einengend und zu wenig elastisch abgelehnt. Bemängelt wird, dass die steigenden Ansprüche an die mit den überbeanspruchten Schlagwörtern „Freiheit" und

„Flexibilität" benannten Bedürfnisse unerfüllt bleiben. Es mehren sich daher die Stimmen, die der Uhrzeitlogik ihre über Jahrhunderte zugebilligte Vorbildfunktion für die Ordnung des Zeitlichen absprechen und den Fortschritt eher dort am Werke sehen, wo sich die Zeit aus der Umklammerung von Zeigern und Ziffernblättern befreit und sie wieder mit Ereignissen in eine enge Verbindung bringt. Zumal inzwischen offensichtlich wurde, dass die Versprechen von mehr Zeitfreiheit, die die Erfolgsgeschichte der Uhr stets eskortiert haben, oftmals übertrieben und manchmal auch unrealistisch waren. Das trifft auch auf jene Illusionen zu, die die Menschen nötig hatten, um ihr tägliches Unglück ohne Widerstände ertragen zu können.

So sieht es aus, als würde der langandauernde Aufenthalt im Räderwerk der Uhr, der phasenweise auch etwas von einem Zwangsaufenthalt hatte, im 21. Jahrhundert auf sein Ende zusteuern. Ein Irrtum wäre es jedoch, darin eine Öffnung der Grenzen zu den paradiesischen Reichen der Zeitfreiheit, des Zeitwohlstandes und der Flexibilität zu sehen.

Taktlos

Was sind die Ursachen für den altersbedingten Kraftverlust der Uhr, was die Gründe für die Einbußen des Zeitmusters Takt und den schwindenden Einfluss der Zeigerzeit bei der Zeitgestaltung im Alltag? Der Wichtigste wurde bereits angesprochen. Das Zeitmuster „Takt" und das ihm folgende Zeithandeln verlieren in den Gesellschaften, die sich von den der Uhrzeitlogik nachempfundenen bürokratischen Gestaltungsprinzipien der industriellen Moderne verabschieden, um diese durch eine Logik des Netzes zu ersetzen, ihre einstmals hochgeschätzten Problemlösungsfähigkeiten. Offenkundigstes Beispiel sind die Erscheinungstakte der Tageszeitungen, die nicht mehr mit der Verbreitung von Nachrichten durch digitale Medien Schritt halten können. Der französische Medientheoretiker Jean Baudrillard (*Subjekt und Objekt*; Fraktal, S. 15. 1997) beschreibt dies: „Nachdem die linearen Möglichkeiten bis zur Unendlichkeit ausgeschöpft sind, nachdem wir immer mehr und mehr Zeit gewonnen haben und der Zeit vorausgeeilt sind, sie in alle Richtungen beschleunigt haben, haben wir, wie beim Raum die Grenzen einer Art zeitlichen Globus erreicht, wir haben ihn in allen Richtungen, in denen es menschenmöglich war, durch ein maßloses Vorgreifen erforscht, und nun sind wir genau an diesem Punkt, am gleichen Punkt angelangt wie beim Raum."

Die quantifizierende Vernunft, die die Menschen einst in die Uhr hineingesteckt haben, um sie von dieser dann wieder in Form des Taktes und der inhaltsleeren Zeigerzeit zur Verfügung gestellt zu bekommen, verliert in dem Moment, in dem die Industriegesellschaft das Rentenalter erreicht hat, ihre ordnungsgestaltende Kraft. Die Zahl jener Zeitgenossen, die die Idee, die Zeit wie eine Schuhgröße zu quantifizieren, nicht rundum für einen guten Einfall halten, nimmt spürbar zu. Es ändern sich die traditionellen Zeitordnungen und mit ihr das Zeitverhalten.

Flexibilisiert, und das heißt, von den Zeiten der Uhr unabhängiger, wurden zum Beispiel die gesetzlich festgelegten Öffnungszeiten von Geschäften, Dienststellen und Amtsstuben, entgrenzt wurden Arbeitszeiten und Freizeiten. Die Uhr, die man einst konsultieren musste, um nicht vor verschlossenen Ladentüren zu stehen, hat diese Serviceaufgabe heute verloren. Auch an sein Geld kommt man, der Bankomat machts möglich, in der finstersten Nacht. Eine Information über die Schalteröffnungszeiten der Bank braucht man nicht. Von dieser und anderen Enttaktungen und Entstandardisierungen versprechen sich die sie vorantreibenden Unternehmer, Politiker und Verbandsvertreter eine Steigerung des Umsatzes, mehr Markterfolg und zufriedenere Bürger und Bürgerinnen. „Das Kapital", argumentiert Botho Strauß (*Das Partikular*, S. 175. 2000), „kommt allemal mit dem Chaos besser zurecht, als mit strenger Ordnung." Bei den Befürwortern der Internetökonomie rennt er mit dieser Diagnose offene Türen ein.

Die Entweder-oder-Logik des „zu spät" oder „zu früh", des „pünktlich" oder „unpünktlich", die uns die Zeiger der Uhr aufdrängen, hat sich oftmals auch als ein Hindernis für kreative Lösungen und als Bremse bei innovatorischen Handlungsoptionen herausgestellt. Die Problemlösungen des 21. Jahrhunderts verlangen elastischere und flexiblere zeitliche Ordnungsparameter und weniger starre Verhaltensreglementierungen, als sie die Uhr und die sie nachahmende sachgerechte und leidenschaftslose Bürokratie bereitstellen und vorgeben. Um dies zu vermeiden, ist der Lichtkegel der Aufmerksamkeit und Erwartungen seit einiger Zeit auf die Logik des Netzwerkes ausgerichtet, die das Zeitprofil des Lebens und Arbeitens entscheidend modifiziert. Die dem Bild des Netzes folgende und zu Einfluss gelangte Sicht- und Handlungsweise bewahrt und fördert – im Gegensatz zum Uhrenmodell – die Komplexität des Denkens und Handelns und erkennt im Widersprüchlichen, im Abweichenden und Umwegigen nicht länger nur Störungen, sondern auch wertvolle Produktivkräfte. Vertrauten die Zeithandelnden in der Antike den Göttern, in der Moderne der Mechanik, so bleibt den Vergleichzeitigern der Netzgesellschaft nichts anderes übrig, als sich auf sich selbst zu verlassen.

Zeitgleich spricht sich der Eindruck herum, der vertakteten Zeitgewissheit zu viele Opfer gebracht und dabei weder die erwartete Zeitzufriedenheit gefunden noch die angestrebte Zeitsouveränität erreicht zu haben. Könnte es sein, so die unüberhörbar lauter werdenden skeptischen Stimmen, dass die Zeit der Chronometer, der man sich nur allzu bereitwillig und voller Hoffnungen über Jahrhunderte unterworfen hat, aus nicht viel mehr als einem höchst präzisen, gefühllosen Leerlauf besteht, der statt versprochener Zeitfülle immer mehr Zeitknappheit im Schlepptau hat?

Keinem Chronometer ist es bisher gelungen, und schmücken ihn noch so viele Komplikationen, eine auch nur annähernd zufriedenstellende Antwort auf die Frage zu geben, was Zeit denn überhaupt ist und wie man mit ihr umgehen sollte. Uhren haben die Menschen nicht dabei unterstützt, sich die Zeit zur Freundin zu machen. Sie haben sich in erster Linie darauf beschränkt, ihren Trägern und Trägerinnen mitzuteilen, wie spät es ist. Warum aber, das sollten wir uns hin und wieder fragen, wollen wir das eigentlich so oft wissen, wo es doch eine große Zahl von Vergnügungen, Erkenntnissen und Erfahrungen gibt, die die Abwesenheit der Uhren, dieser „schauerlichen Symbole der rinnenden Zeit" (Camus) und die Ignoranz ihrer Zeitansage zur Voraussetzung haben? Und warum braucht man eigentlich eine Uhr, wenn man sicher sein kann, dass der folgende Tag ebenso lang ist wie der vorherige?

Wir sind, was die Uhr als Vorbild unseres Zeithandelns angeht, an einer Stelle angelangt, an der die Zweifel wachsen, ob man ihr weiterhin, wie bisher, großen Einfluss gewähren und gestatten soll, oder ob es nicht vernünftiger wäre, ihre Machtstellung übers individuelle und soziale Zeitleben stärker einzuschränken.

Dies würde dann auch einen Beitrag dazu leisten, Unterschiede und Alternativen wie pünktlich/unpünktlich oder falsch/richtig weniger scharf zu konturieren und abzugrenzen. In einer Welt, in der eine Nachricht in Sekundenbruchteilen den Globus umrundet und nur einen Wimpernschlag später wieder an der Stelle ankommt, von wo sie losgeschickt wurde, verlieren Unterschiede zwischen Ost und West, hier und dort, nah und fern ihre Differenzierungs- und Orientierungskraft. Das erleben wir auch derzeit mit politischen Einteilungen wie „links“ und „rechts“, „konservativ“ und „progressiv“ – und ob jemand evangelisch oder katholisch ist, wer, außer dem Finanzamt, will das eigentlich noch wissen? Um einen Kulturverfall handelt es sich dabei nicht; um eine Veränderung der Kultur jedoch schon. Sie ist begleitet, unterstützt und verstärkt durch das wachsende Unbehagen an den Diktaten des zeitlichen Organisationsprinzips „Takt“.

Die Komplexität des Lebens lässt sich weder auf eine einzige Zeitvorstellung einschränken noch in einer einheitlichen „Erzählung“ bündeln. Als sich die Uhr noch auf dem Weg zum Höhepunkt ihrer Macht befand, hat der Göttinger Aufklärer Georg Christoph Lichtenberg bereits darauf aufmerksam gemacht, dass die Uhr und ihr Zeitverlauf einer ganz besonderen Vernunft entstammen: „Ich wette hundert gegen eins, wenn Eure Taschenuhren Eure Vernunft hätten, es würde keine mit der anderen gleichgehen“, denn, so lässt sich mit Johann Gottfried Herders Interpretation des biblischen Predigertextes, dass alles seine Zeit hat und auch braucht, ergänzen, „eigentlich hat jedes veränderliche Ding das Maß seiner Zeit in sich; dies besteht, wenn auch kein anderes da wäre; keine zwei Dinge der Welt haben dasselbe Maß der Zeit – es gibt also (man kann es eigentlich und kühn sagen) im Universum zu einer Zeit unzählbare viele Zeiten“. Die Uhr, genauer: die Uhrzeitmenschen, hat aus dieser bunten Vielfalt der Zeiten eine graue Einheitszeit gemacht, die, und das ist heute des Öfteren ein Anlass zur Klage, das Subjektive, das Besondere, das Einzigartige des Zeithandelns ignoriert und unterdrückt und Verrat an der lebendigen Zeit übt. Der italienische Schriftsteller und Politiker Antonio Gramsci spricht in diesem Zusammenhang von einer „zerbrochenen Menschlichkeit“ durch den schmerzlichen Prozess der Unterwerfung des Menschlichen unter „starre Normen der Gewohnheiten der Ordnung, Genauigkeit und Präzision".

Die Unterwerfung des Lebendigen unter das abstrakt-rationale Ticktack-Schema der Uhrenmechanik ist nur um den Preis der Entfremdung der eigenen lebendigen Zeitnatur und der Ignoranz der Zeitbedürfnisse der sozialen Mitwelt zu haben. Quantifizierendes und qualifizierendes Zeitleben, die Buntheit der lebendigen Zeiterfahrung und die Einfalt der mechanisch hergestellten Uhrzeit lassen sich, selbst bei bestem Willen, und mit größter Anstrengung nicht harmonisieren. Die zauberhaften Momente des Lebens, „gefühlt" immer zu kurz, haben nichts mit den exakten, kalten, gefühllosen Minuten auf dem Ziffernblatt zu tun, die Virginia Woolf in ihrem Roman *Die Wellen* kritisiert: „Diese extreme Präzision, dieser geordnete, militärische Fortschritt ist ein Fehler, eine Bequemlichkeit, eine Lüge."

Unübertroffen ins Bild gesetzt ist dieser Widerspruch in Chaplins radikalem filmischen Angriff auf die für den Verlust von Rhythmus und Menschlichkeit verantwortlichen Vertaktungszwänge im Prozess der industriellen Arbeit. In seiner grandiosen Kunst, die lächerliche Seite des ernsthaften Tuns aufzudecken und sie den Zuschauern in eindringlichen Bildern zu zeigen, verwandelt sich der menschenverachtende Takt der Zeitorganisation zu einem das Leben bejahenden und feiernden Rhythmus, der den Widerspruch von Freiheit und Kontrolle aufhebt. Moderne Zeiten sind für Chaplin vor allem Zeiten, die sich in der Steuerungsmacht von Geschwindigkeit, Arbeitstempo und Vertaktung, konkretisiert in Zeitbefehlen, Zeitimperativen und Zeitdiktaten, ausdrücken. Sie machen die Unterdrückung der organischen Zeitmuster und der menschlichen Zeitmaße durch den mechanischen „Takt" zum Imperativ. In grandioser Art und Weise nutzt Chaplin in seinem Klassiker *Modern Times* (1936) die Mittel der Komik, um die mechanisierten Zeitverhältnisse, die die um ihr Überleben kämpfenden Menschen heillos in sie einklemmt und verstrickt, zu sprengen. 20 Jahre vorher bereits „entweihte" er in seinem Stummfilm *Das Pfandhaus (The Pawnshop)* die Mechanik der Uhr auf eine andere Weise. In diesem Kurzfilm zerlegt er die Uhr eines Kunden in Einzelteile und macht aus ihr, da er die Bruchstücke nicht mehr zusammensetzen kann, einen Haufen Schrott. Uhrendämmerung auf chaplineske Art. Das zur gleichen Zeit, als Hans Castorp, nicht ganz so spielerisch, auf dem Zauberberg von der Uhr ebenso Abschied nimmt – und entscheidet, seinen Zeitmesser nicht mehr aufzuziehen, da er für seinen zeitlich unkalkulierbaren Aufenthalt in den hohen Bergen Graubündens nicht mehr von Nutzen ist.

Uhren sind Geräte zur Herstellung zählbarer Zeit. Uhrzeit simplifiziert die Zeit, reduziert ihre Komplexität, sperrt sie in einen Käfig voller Zahlen, Daten und Terminen. Sie macht aus dem Lustschloss „Zeit" einen Kerker. Die Techniken der Ausbeutung menschlicher Arbeitskraft und die Methoden des Raubbaus an der Natur sind eng mit der Verwendung der Uhr verknüpft. Lebendige, befriedigende Zeiten hingegen interessieren sich nicht für Zahlen, denn die Stunden, die zählen, sind die Stunden, die nicht gezählt werden. Dazu Georg Christoph Lichtenberg: „Es ist eine ganz bekannte Sache, dass die Viertelstündchen größer sind als die Viertelstunden." Für Doris Lessing gehört die Zahlenzeit der Uhr zu jenen Gefängnissen, die wir als Wohnung ausgesucht haben, um darin unser Leben zu verbringen („Prisons we choose to live inside"). Ähnlich deutlich, aber paradoxer Franz Kafka, der im Uhrzeitmenschen einen freien Gefangenen sieht: „Er konnte an allem teilnehmen, nichts entging ihm draußen, selbst verlassen hätte er den Käfig können, die Gitterstangen standen ja meterweit auseinander, nicht einmal gefangen war er." (*Hochzeitsvorbereitungen auf dem Lande und andere Prosa*, Hg. Max Brod, S. 216. 1976).

Aus einer duftenden Blume „Zeit" machen Zeigerzeit und Uhrentakt eine zwischen zwei Buchdeckeln gepresste blasse Pflanze „Zeit". Sie zerhacken die Zeit ähnlich brutal wie es eine Heckenschere mit den auf Linie getrimmten Blättern am Strauch tut. Die Uhr liefert eine monotone Zeit, eine die lebendigen Menschen verzehrende Zeit. Sie gibt dem Mechanischen und dem mechanisch Hergestellten den Vorrang; das heißt, sie räumt dem Toten Priorität vor dem Lebendigen ein. Lebendige Zeit wird zu Geschichte, tote Uhrzeit zu Zahlen. Die entseelte Uhrzeit mehr als die Zeiten des Lebendigen zu lieben bedeutet, die Erniedrigung genießen.

Die von der Uhr betriebene Standardisierung und Formalisierung des Zeitlichen, ihr Angebot, Geschehnisse auf einer Zeitachse anzusiedeln, sie zu ordnen und zu verdaten und zu einer Abfolge von Zeitpunkten zu erklären, das sind Leistungen, die der industriellen Moderne als willkommener Motor des Fortschritts gedient haben. Als schmerzlichste Kehrseite dieser Entwicklung erfährt der Uhrzeitmensch den durch die Entleerung der Uhrzeit von den konkreten Ereignissen und Erfahrungen entstandenen Verlust an Anschaulichkeit. Anders hingegen sieht dies ein zu lebenslanger Haft verurteilter Straftäter. Einem Journalisten, der von ihm wissen wollte, wie er sein schweres Schicksal hinter Gittern denn überhaupt aushalte, antwortete er: „Ach wissen Sie, die Zeit, die ich hier verbringe, müsste ich auch draußen verbringen."

„Alt" sehen die Uhr und ihre Zeit heute auch noch aus einem anderen Grund aus. Das der Zeiger-Logik des Eins-nach-dem-anderen folgende Zeitdenken und Zeithandeln weigert sich, die Produktivkräfte des Widersprüchlichen und des Paradoxen zu erkennen und zu nutzen. Gesellschaften, die

Uhren einsetzen, um möglichst viel Zeitliches zu disziplinieren, unter Kontrolle zu bringen und zu regeln, schränken sich in ihren Entwicklungsmöglichkeiten und den Spielräumen ihres Zeithandelns ein. Die Uhr dominiert das Zeitliche. Sie fügt es nicht ins menschliche Werden und Vergehen, Tun und Lassen ein. Mephisto und Faust stimmen dahingehend in ihrer Kritik am chronometrischen Modell der Weltgestaltung überein:

„Und das verfluchte Bim-Baum-Bimmel,
Umnebelnd heitern Abendhimmel,
Mischt sich in jegliches Begebnis,
Vom ersten Bad bis zum Begräbnis."
(III, 339)

Es sieht ganz so aus, als würde dieses Bim-Baum-Bimmel ausklingen, als wäre das Ticktack-Zeitalter am Ende. Nicht nur, weil das Bundesverwaltungsgericht am 30. April 1992 entschied, den nächtlichen Stundenschlag von Kirchturmuhren für grenzwertig zu erklären. Nur allerhöchstens 60 Dezibel, so lautete das Urteil der Richter, sind heute noch akzeptabel. Zwar hat diese Entscheidung des Gerichts, die das Läuten der Glocken so ganz nebenbei zu Lärm erklärte, die Zeiten der Nacht nicht ruhiger gemacht, aber „takt-loser". Mag sein, dass manch ein unter Schlaflosigkeit leidender überarbeiteter Bürger die juristische Einschränkung des Geläutes, das jetzt auch noch den Bestimmungen des Immissionsschutzrechtes unterliegt, begrüßt. Dabei jedoch liegt der Verdacht nahe, dass Ursache und Wirkung verwechselt werden. Nicht wegen des nächtlichen Stundenschlags und des Glockengeläutes haben die Klagenden Schlafstörungen, belästigt fühlen sie sich von den Kirchenglocken vielmehr, weil sie Schlafstörungen haben. Bedrohlicher aber für das Überleben der im ausgehenden

Mittelalter eingeführten Tradition des Stundensignals vom Turm der Kirche herab ist es, dass der spätmoderne Bürger dies nicht mehr für seine Zeitorientierung braucht. Und so gehört es heute zu den Hauptaufgaben der wenigen noch schlagenden Stundenglocken, sich ohne großes Aufsehen ignorieren zu lassen.

Die Uhr auf dem Zauberberg

Er konnte sitzen, seine Uhr in der Hand – seine flache, glattgoldene Taschenuhr, deren Deckel mit dem gravierten Monogramm er hatte springen lassen –, und niederblicken auf ihre mit schwarzen und roten arabischen Ziffern doppelt rundum besetzte Porzellankreisfläche [...]. Das Weiserchen trippelte seines Weges, ohne der Ziffern zu achten, die es erreichte, berührte, überschritt, zurückließ, wieder anging und wieder erreichte. Es war fühllos gegen Ziele, Abschnitte, Markierungen. Es hätte auf 60 einen Augenblick anhalten oder wenigstens sonst ein winziges Zeichen geben sollen, daß hier etwas vollendet sei. Doch an der Art, wie es sie rasch, nicht anders als jedes andere unbezifferte Strichelchen, überschritt, erkannte man, daß ihm die ganze Bezifferung und Gliederung seines Weges nur unterlegt war, und daß es eben nur ging, ging ... So barg denn Hans Castorp sein Glashüttenerzeugnis wieder in der Westentasche und überließ die Zeit sich selbst.

(Thomas Mann: Der Zauberberg, S. 754. 1991)

Verblassendes Vor-„Bild"

Mit „Uhrendämmerung" beschreiben wir nicht nur den spürbaren Funktionsverlust der Uhr bei der Zeitmessung und der Zeitorientierung im Rahmen des alltäglichen Zeithandelns, sie hat auch als Vorbild, Modell, Abbild und Symbol an Einfluss verloren. Lange sah man in ihr das verkleinerte Ebenbild des Kosmos und seiner Ordnung. Sie war die Vorlage, zuweilen auch die Schablone für die Sicht auf die Welt und deren Interpretation, und sie war in vielerlei Hinsicht ein Leitbild für die dort hergestellte soziale Ordnung. Attraktiv war sie als Modell für den Aufbau, die Regulierung und die Verlässlichkeit des Regierungshandelns und in der Industriegesellschaft wurde sie zum Muster des menschlichen Organismus und zum Abbild seines Funktionierens. Wurden die Vorbilder des Zeithandelns und die des menschlichen Miteinander in der Vor-Uhrenzeit vor allem aus der Natur genommen und vom Himmel abgeschaut, so traten zu Beginn der Neuzeit immer häufiger mechanische Analogien an ihre Stelle. Der Entdecker der Planetengesetze, Johannes Kepler, ließ als einer der Ersten verlauten: „Mein Ziel ist es, zu zeigen, daß die Himmelsmaschine weniger einem göttlichen Lebewesen als einer Uhr gleicht."

In der Einleitung des von ihnen erstellten Katalogs der Ausstellung „Die Welt als Uhr" im Bayerischen Nationalmuseum (1980) schreiben Klaus Maurice und Otto Mayr: „Die Uhr verkörperte, was die Wirklichkeit nicht enthielt: Sie war Demonstration einer zentral organisierten, unabänderlich funktionierenden rationalen Ordnung ..., die Harmonie der Welt wurde erklärt durch die Gesetzlichkeit der Uhr." Die Uhr fungierte als Spiegelbild der göttlichen Schöpfung, war quasi der Mikrokosmos des von Gott geschaffenen Makrokosmos. Sie wurde zu einem anschaulichen Denkmodell, das die wirkmächtige Vorstellung von der Welt, der Natur und dem Staat als einem

Räderwerk und von Gott, bzw. dem irdischen Fürsten, als dem für das Zusammenwirken der verschiedenen Elemente verantwortlichen und sorgenden Uhrmacher. Wie der Uhrmacher die Rädchen zusammensetzt und nach den Gesetzen der Mechanik zum Laufen bringt und am Laufen hält, so die zum Leitbild erklärte Vorstellung, hat Gott die Welt konzipiert und alles Werden und Vergehen in ihr wie ein reibungslos funktionierendes Uhrwerk geregelt. Das Vorbild der Uhrenordnung nachahmend, sollen dann auch das irdische Geschehen und das Gemeinwesen gestaltet werden und funktionieren.

Vor allem im 17./18. Jahrhundert, dem Zeitalter des Absolutismus und der Aufklärung, waren Uhren-Gleichnisse zuhauf in Umlauf. Beliebt waren sie vor allem in der politischen Argumentation. Sie fanden aber auch Eingang in biologischen, pädagogischen und, das ist naheliegend, theologischen Diskursen. Da ist es denn auch nicht überraschend, dass sich der die Grundsteine der klassischen Mechanik legende Isaac Newton, dessen Zeitvorstellung annähernd 250 Jahre alle Zeitbetrachtung unumstritten dominierte, der Uhrwerksanalogie bediente.

Begleitet und ermuntert von der Wissenschaft übertrug die weltliche Macht die mechanische Kausalität des Faszinosums Uhr auf das Zeithandeln des irdischen Geschehens. Einem Uhrwerk gleich sollten Staat und Staatsbürger funktionieren. Verglich man Gott in den biblischen Texten noch mit einem Töpfer, der die Welt aus Tonerde modelliert, so stellte man sich ihn in der Epoche der Aufklärung als einen Uhrmachermeister vor, der das komplexe Räderwerk des Weltenlaufs ersann, in Gang setzte und zum Funktionieren brachte. Die Uhr ist, so gesehen, ein Abbild der kosmischen Schöpfung. Und doch gibt es einen gravierenden Unterschied: Die göttliche Schöpfung begann bekanntlich mit dem Imperativ: „Es werde Licht!“, die Uhrzeitmoderne startete mit dem Diktat: „Es werde Zeit!“

Das Modell einer durch ihr reibungsloses Funktionieren imponierenden Maschine „Uhr“ als Vorbild für ein optimal funktionierendes Staatswesen findet man unter anderem in den Schriften des englischen Staatstheoretikers Thomas Hobbes. Für Friedrich den Großen, König von Preußen, war das Uhrwerk die perfekte Vorlage für seine Regierungsarbeit. Keine Staatsverwaltung der Welt ist dem Vorbild „Uhr“ jemals näher gekommen als das Preußen Friedrichs.

Als Christian Wolff im ersten Drittel des 18. Jahrhunderts seine *Vernünftigen Gedanken von Gott, der Welt und der Seele des Menschen* (1718) zu Papier brachte, hatte die Uhr den Höhepunkt ihrer Bewunderung, die zuweilen bis zur Anbetung reichte, erlangt. Sie war die alles überragende Leitfigur und die höchste Gesetzgeberin des Zeitdenkens, des Zeithandelns und des Zeitlebens. Ihr Räderwerk, ihr Zeigerverlauf und ihr Takt waren im ursprünglichen Sinne beliebte und allseits anerkannte „Vor-Bilder“. Im § 152 seiner nach Uhrzeit-Prinzipien gegliederten „vernünftigen Gedanken“ schreibt Wolff:

> *„Die Zusammenstimmung des mannigfaltigen machet die Vollkommenheit der Dinge aus. Die Vollkommenheit einer Uhr beurtheilet man daraus, daß sie die Stunden und ihre Theile richtig zeiget. Sie ist aber aus vielerley Theilen zusammengesetzet, und sowohl diese insgesamt als ihre Zusammensetzung gehen da hinaus, daß der Zeit die Stunden und ihre Theile richtig zeiget. Solchergestalt findet man in einer Uhr mannigfaltige Dinge, die alle mit einander zusammen stimmen […]. Der Wandel der Menschen bestehet aus vielen Handlungen; wenn diese alle mit einander*

zusammen stimmen, dergestalt, daß sie endlich alle insgesammt in einer allgemeine Absicht gegründet sind; so ist der Wandel des Menschen vollkommen.“

Die zentral organisierte, rationale Ordnung der Uhr, praktisch geworden in der Präzision des Räderwerks, in der Berechenbarkeit des Zeigerverlaufs und dem Gleichmaß des Taktes war es dann vor allem, die von den Menschen des 17./18. Jahrhunderts bewundert wurde. Die Begeisterung dafür wurde jedoch bei Weitem nicht von allen damals lebenden Menschen geteilt. In erster Linie waren es die Herrschenden, die Mächtigen und die Einflussreichen, intellektuell unterstützt von Gelehrten wie Johannes Kepler und Isaak Newton, die im Ineinandergreifen der Uhrwerk-Räder und in der Berechenbarkeit des Zeigerverlaufs das perfekte Ab- und Vorbild staatlicher Ordnung und des Zeithandelns ihrer Untertanen sahen und ihre Zeitherrschaft damit rechtfertigten. Auf diesem Weg der „untertänigsten Knechtschaft“ eines Großteils der Bevölkerung wurde die Uhr schließlich zu einem der wirkmächtigsten Mittel der Fremd- und der Selbstkontrolle.

Als Vorbild für das Regierungshandeln und für die Verwaltung des Gemeinwesens hat die Uhr heute ausgedient, und das bereits seit Längerem. In dieser Hinsicht ist die Uhr ins Dunkel der Nacht eingetaucht, die Uhrendämmerung hat vor längerer Zeit bereits stattgefunden. Aber auch in der digital getriebenen Multitaskingwelt, die mit flexibilisierten Umgebungen und „zeitoffenen“ Projekten arbeitet, verliert das Vorbild Uhr seinen ordnungsgebenden Einfluss. Das digitale Zeitalter kennt keine Zeiten der ewigen Wiederkehr mehr und auch nicht länger die immergleicher Rhythmen. Digitale Umgebungen erfordern sekundenschnelle Zeitwahrnehmungen, sie verlangen ein permanentes Vor und Zurück, steten Wechsel von Gewohntem zum Ungewohnten, von Neuem zu Altem. Ihre Zeiten fügen sich zu keiner Einheit mehr und lassen sich auch nicht mehr harmonisieren. Es wird immer mehr und immer häufiger zur Aufgabe der Einzelnen, aus den diskontinuierlichen Abfolgen von Zeitfragmenten sinnvolle Zeitordnungen und Zeitbalancen herzustellen. Schneller wirds hierdurch nicht mehr zwangsläufig, aber es wird aufwändiger, belastender und unruhiger. Der Sinn für die Leere, das Warten und die Übergänge geht mehr und mehr verloren.

Dort, wo das Netz die Funktionen des Vor- und die des Leitbildes übernommen hat, verleiht es der Zeit eine neue Qualität. Selbst in den Mikrowelten der innerbetrieblichen Leistungspolitik, in denen die Zeit der Uhr nicht länger das Maß der Arbeit und ihre Bewertung bestimmt, ist dies der Fall. Dunkler auch wird es für die Uhr als dem unmittelbaren Taktgeber der Arbeitsverausgabung, zumal das Netz den Subjekten neue und nicht selten attraktivere Spielräume der Gestaltung zwischen verschiedenen Zeitfetzen eröffnet hat.

Die Bilder und Vorstellungen vom „Menschen als einem Uhrwerk" wurden schließlich, obgleich Immanuel Kant das Maschinenbild für die Beschreibung der organischen Natur für unzureichend hielt, nicht nur auf das Geschehen am Himmel und in der Welt, sondern auch auf den menschlichen Körper übertragen.

Der Mensch als Industriepalast

Das Vor-Bild Uhr lieferte den Arbeitswissenschaftlern, den Ökonomen und den Politikern in der Industriemoderne die Vision eines Maschinenmenschen, der in der Lage ist, menschliche Kraft in mechanische Arbeit zu transformieren. Das reibungslose Funktionieren, allem voran das gleichmäßige

Ticken der Maschine Uhr, wurde für die Denker und Forscher dabei zu einer Schablone für den Puls des Lebens und des Arbeitens. Hatte die Uhr die Zeit in den Bereich des Messbaren und Verfügbaren überführt, so wurde sie als Muster und Modell für den Körper der Mensch selbst verfügbar gemacht. Am Anfang dieses Denkens stand die Renaissancevorstellung vom menschlichen Körper als Uhrwerk mit einer ablaufenden Feder als einem Abbild des Lebens. Der Frühromantiker Friedrich Schlegel sah dies später dann kritisch und unterschied zwischen Uhrenmechanik und Leben: „Der bürgerliche Mensch wird zuvörderst freilich nicht ohne Mühe und Not zur Maschine gezimmert und gedrechselt [...], und er kann in jeder Rücksicht vollendet heißen, wenn er sich zuletzt aus seiner menschlichen Person in eine Figur verwandelt hat."

In vollem Umfang und mit großem Erfolg umgesetzt wird das Maschinenmodell „Uhr" schließlich in den weit über Amerika hinaus reichenden wirkmächtigen „Time and motion studies" des US-amerikanischen Arbeitswissenschaftlers Frederick Taylor. Taylors Konzept, er dachte vor allem in mechanischen Kategorien, bestand in erster Linie in einem Kampf gegen die menschliche Natur. Sein wissenschaftliches Leistungssystem zielte auf die Normierung der Produktionsmittel, auf die Standardisierung der menschlichen Bewegungen, die des Arbeitspensums und auf das Zeithandeln. Der menschliche Arbeitseinsatz, die Arbeitsbewegungen und das Arbeitspensum werden mit Stoppuhren ermittelt, festgelegt und zur verbindlichen Vorgabe im Produktionsprozess gemacht. Ziel und Absicht seiner Studien war die Standardisierung zeitsparender Bewegungen und deren Verinnerlichung. Kam es dabei, was in Zeiten der großen Industrie und der Fließbandproduktion nicht selten der Fall war, zu Problemen zwischen den Anforderungen der menschlichen Zeitnatur und den Gesetzen der Maschine „Uhr", gingen die Lösungen in den allermeisten

Fällen zu Lasten des Körpers. Auch weil das menschliche Arbeitsverhalten von Taylor durch die mechanistische und nicht durch die organische Brille betrachtet wurde. Der Leib und dessen biologische Zeitnatur hatten sich dem Vorbild „Uhr“ anzupassen. Menschlicher Eigensinn, der sich unter anderem in spontanen Pausen seinen Ausdruck verschafft, wurde von Taylor strikt und konsequent bekämpft. Ziel war es, aus der Arbeitskraft des Naturwesens „Mensch“ eine messbare, steuerbare und kalkulierbare Uhrzeitarbeitskraft zu machen: verlässlich wie eine Uhr, unbeirrbar wie deren Räderwerk und kalkulierbar wie ihr Zeigerverlauf.

Der modernisierte Mensch, so das Menschenbild des heute dahindämmernden Industrialismus, soll nicht auf seinen Körper hören, er soll ihm befehlen. Die von der Obrigkeit durch Druck, Vorschriften und Regelungen veranlassten, auf Arbeit ausgerichteten Erziehungs- und Qualifizierungsmaßnahmen haben nicht das Ziel, die Menschen souverän, selbstbestimmt und selbstverantwortlich zu machen, sie sind darauf abgestellt, die Arbeitenden zu brauchbaren Untertanen, die sich in ihrem Zeithandeln widerstands- und klaglos der Uhrenlogik anpassen und unterwerfen, heranzubilden. Arbeitszeit soll nicht mehr die rhythmische Zeit der Arbeitenden sein, sondern soll dem Takt der Uhr folgen. Auf diesem Weg wird die Zeit in den Arbeitsstätten als Organisationsprinzip fortlaufender Ereignisse zu einem zentralen Bestandteil der Produktionsökonomie, bei der die lebendige Arbeitskraft durch Zerlegung und Reduktion mit dem maschinell gesteuerten Produktionsverlauf in einen möglichst bruchlosen Einklang gebracht wird. Die uhrzeitaffine Zeitorganisation kümmert sich nicht um die Eigen- und auch nicht um die Besonderheiten des arbeitenden Menschen. Sie ist funktional auf die umfassende Verwertbarkeit der Subjekte ausgerichtet. Die befehlsförmige Normierung der Arbeitsleistung durch Vorgesetzte wird durch den mechanisierten „Sach“-Zwang des Uhren- bzw. des Maschinentaktes ersetzt. Dieser mechanischen Zeitlogik hat sich alles Organische unterzuordnen. Wie das konkret aussieht, kann man sich im Kino ansehen. Chaplins *Moderne Zeiten* (1936) und Fritz Langs *Metropolis* (1927) sind dafür zu empfehlen.

Körperkonzepte, die in Maschinen und Techniken ihr Vorbild sahen, findet man auch bereits bei dem Aufklärer Voltaire und selbst bei Schiller in seinem *Hymnus an die Freude*. Beeinflusst waren die damaligen Dichter und Denker allesamt von dem französischen Philosophen Descartes. Er provozierte unter anderem mit dem problematischen Hinweis, das Zeitordnungsmuster der Uhr sei nicht weniger natürlich als das eines Baumes.

Doch es sind keine Philosophen, Physiker und Theologen, die die Welt verändern, das waren und sind die Herrschenden, die Mächtigen und Einflussreichen. Und sie taten dies unter anderem dadurch, dass sie die Uhr und ihren Beifang Takt zum Leitbild ihrer „Menschenregierungskünste“ (Foucault) gemacht haben und es immer noch tun. Man kann es Erziehung, aber auch militärischen und pädagogischen Drill und Druck nennen, mit dem die „wilden“ Seiten der Zeit und des menschlichen Zeithandelns diszipliniert wurden. Zumutungen, auf die die Betroffenen nicht selten mit Takt-losem Zeitverhalten reagierten. Einen solcherart demonstrativen, jedoch nicht allzu erfolgreichen Versuch, die Fesseln der Uhr abzustreifen, sieht Walter Benjamin im Aufstand der Pariser Julirevolutionäre (1830), die auf Turmuhren schossen, um die Uhrzeit anzuhalten.

Selbst heute, da man behauptet, die Zeiten hätten sich geändert, trifft man in Unternehmen noch auf Vorgesetzte, die mit der Unberechenbarkeit und der Individualität ihrer Mitarbeiter große Probleme haben, weil sie von diesen ein kalkulierbareres, uhrzeitkomatibles Verhalten erwarten. Erwartungen, kann man daraus schließen, haben anscheinend ein langsameres Veränderungstempo als die Ausstattung von Fabriken und Büros mit Maschinen und Geräten, die dem Uhrenvergleich nicht mehr standhalten. Je mehr Arbeit durch abstrakte Wissenssysteme gestaltet und beeinflusst werden, desto weniger eignen sich Uhrenmetaphern als Leitbilder der Ordnung und der Gestaltung. Uhrendämmerung allüberall, auch in dieser Hinsicht. Allein die Mediziner wollen vom mechanistischen Denken nicht lassen. Die Chronobiologen bemühen bis heute die „innere Uhr" für ihre wissenschaftlichen Erklärungen zeitlicher Abläufe im menschlichen Körper. Sie gehören zu den letzten Ignoranten der nicht zu übersehenden Heldendämmerung der Uhr.

Man kann es durchaus zu den erfreulichen Nachrichten rechnen, dass die Uhr ihre Stellung und Anerkennung als Leitbild für die „Künste" der Menschenführung weitestgehend verloren hat und weiter verliert. Zumal das auch dem Wunsch des großen Denkers Georg Christoph Lichtenberg entgegenkäme: „Wenn die Menschen nicht nach den Uhren gehen, so fangen endlich die Uhren an, nach den Menschen zu gehen." Schön wärs!

Aber dann bräuchte man wahrscheinlich keine Uhren mehr und sie würden nicht mehr verschenkt. Auch bei den Uhrengeschenken geht heute allmählich das Licht aus, sodass es gerade noch hell genug ist festzustellen, dass es zu Dunkeln beginnt.

Uhren: geschenkt

Allzu schwer ist es nicht, den fliehenden Zeitgeist zu erwischen. Man muss dafür nur nach dem jeweils attraktivsten Objekt der Begierde Ausschau halten. Es ist noch nicht lang her, da waren es vor allem Uhren, die man Heranwachsenden an der lebensweltlichen Schwelle vom Kind zum Jugendlichen zum Geschenk machte. Begleitet waren solche Uhrengeschenke stets mit der mal offenen, mal versteckten Botschaft an die Beschenkten, es beginne nun eine Zeit, in der es zum Wichtigsten gehört, die Zeit nicht aus den Augen zu verlieren. So etwas lässt sogar den Reporter einer Lokalzeitung ins Schwärmen geraten. In seinem Bericht über den Sonntag des Konfirmandensegens schreibt dieser in der Regionalzeitung: „Zur Konfirmation erhalten die Jungen ihre erste Uhr – ein großer Moment!" Ganz besonders für männliche Heranwachsende waren – die Zeiten sind noch nicht lange her – Uhrengeschenke ausdrucksstarke Zeichen ihres Übertritts in eine Lebensphase mit einem erweiterten Verhaltensspektrum. Das Uhrenpräsent machte die Beschenkten stolz, da es das sichtbare Signal an die soziale Mitwelt war, dass sie von nun an zu den Erwachsenen gehörten.

Einher ging die Statuspassage mit einer Teilablösung von der Bindung an das Elternhaus und der Verheißung, in Zukunft selbst über die Zeit entscheiden zu können und zu dürfen. Dem mit der geschenkten Uhr übertragenen Recht auf die eigene Zeit korrespondiert die Pflicht, zukünftig eigenverantwortlich und überlegt mit dieser umzugehen. Und so lautet die ans Uhrengeschenk gekoppelte tickende Botschaft: „Die Zeit läuft, nutze sie!" Uhrengeschenke sind Beispiele und Belege dafür, dass Uhren immer auch zu mehr und zu anderem als zum Zeitmessen und zur zeitlichen Orientierung genutzt wurden. Mit der Uhr, ob verkauft oder verschenkt, wird zugleich die Leidenschaft gekauft und geschenkt, Zeit planen, kalkulieren, sparen und gewinnen zu müssen.

Die Uhr nämlich zwingt und befiehlt ihren Besitzern, die in ihr eingesperrte Zeit kleinzuhacken. Uhren sind Instanzen der Verhaltenssteuerung und moralische Zuchtmeisterinnen. Niemand hat das eindringlicher beschrieben und mit einer Warnung verbunden als der argentinische Schriftsteller Julio Cortázar: „Denk daran: wenn man dir eine Uhr schenkt, schenkt man dir eine verteufelte kleine Hölle, eine Kette von Rosen, ein Verlies aus Luft. Man gibt dir nicht bloß die Uhr [...] man schenkt dir die Besessenheit, in den Auslagen der Juwelierläden, durch die Rundfunkzeitansage, beim Telefondienst die genaue Uhrzeit festzustellen [...] Nicht dir schenkt man eine Uhr, du bist, was man schenkt, dich bringt man zum Geburtstag dar."

In der Uhrendämmerung wird offenbar, dass es ein falsches Versprechen war, mit der Uhr in der Hand, ihrem Takt und ihrer qualitätslosen Zeigerzeit ein zeitlich selbstbestimmtes Leben führen zu können. Entscheidend für ein zeitzufriedenes Leben ist eben nicht die Information, wie viel Zeit man hat, entscheidend ist, wie viel man **von** der Zeit hat. Darüber aber schweigt jede geschenkte Uhr. Auch jene, die als „Belohnung" dafür verschenkt werden, die mit der Veruhrzeitlichung einhergehenden Zeitzumutungen in einem langen Uhrzeitleben ertragen zu haben. Doch selbst diese Überlieferung befindet sich heute auf dem Weg in die Dunkelheit des Vergessens. Hin und wieder sieht man ihn noch im Regionalfernsehen, den gut ausgeleuchteten Politiker, der 100-jährigen Landsleuten vor Fernsehkameras zum Geburtstag gratuliert und ihnen zur Mehrung des Politikerruhms eine Uhr mit Gravur überreicht.

Auch die traditionell zur Eheschließung verschenkten Uhren wiesen stets über ihre Funktion als Zeitmessgeräte hinaus. Ihre Wertschätzung verdanken sie vor allem ihrer Eigenschaft als langlebige und wertbeständige Schmuckstücke, verbunden mit einem hohen Erinnerungswert an das Hochzeitsfest und die Schenkenden. Doch auch dieser Brauch strahlt heutzutage nicht mehr in hellem Licht.

Dämmriger Halbschatten ebenso bei der Gewohnheit, Uhren als Geschenke beim Schwellenritual „Übertritt in den Ruhestand“ zu überreichen. Bis vor einigen Jahrzehnten gehörte es in Unternehmen zu den Gepflogenheiten, „verdiente“ männliche Firmenjubilare und die Firma aus Altersgründen verlassende Führungskräfte für ihre langjährige Zugehörigkeit und „ihre treuen Dienste“ mit einer Uhr zu belohnen und zu würdigen. Das hat sich verändert. Niemand mehr drückt einem langjährig firmentreuen Angestellten eine wertvolle Uhr in die Hand, um ihm von den Zeigern sagen zu lassen, er könne jetzt wieder selbst über die Zeit bestimmen. Statt Uhren, die Firma Siemens macht das zum Beispiel, schenkt man ausscheidendem Führungspersonal heute Firmenaktien. Zu häufig sind es teure Uhren, die im Kampf gegen die Korruption eine zentrale Rolle spielen. Die Welt des Fußballs, in der Ethik-Kommissionen wegen teurer Uhrenpräsente an korruptionsanfällige Funktionäre ermitteln, scheint dahingehend besonders anfällig zu sein. Wertpapiere sind weniger problematische Geschenke. So ändern sich nicht nur die Geschenke, anders werden auch die Konventionen und die Rituale des Schenkens. Nur Uhren spielen dabei aus mehreren Gründen keine große Rolle mehr.

Das trifft auch auf die Tradition zu, Uhren als Gastgeschenke im Rahmen diplomatischer Missionen zu verwenden. Es handelt sich dabei um eine Konvention, die auf eine lange Geschichte im Kontext der außenpolitischen Besuchsdiplomatie zurückblicken kann. Zu Beginn des 17. Jahrhunderts, die Globalisierung machte sich auf den Weg, war es üblich, dass in ferne Länder geschickte Delegierte den dortigen Machthabern technische Wunderwerke des Uhren- und des Automatenhandwerks mitbrachten. Diese sollten zum einen den Kontakt zu den Staatslenkern erleichtern und zum anderen die technische Überlegenheit der Kultur, aus der die Reisenden kamen, demonstrieren. Uhren wurden zu Türöffnern. Eingegangen in die Geschichtsbücher sind vor allem die mit Missionsabsichten verbundenen Uhrengeschenke der Jesuiten an den chinesischen Kaiser, die dazu beitragen sollten, die einst traditionelle Fremdenfeindlichkeit der Chinesen zu überwinden. Nicht erst seit heute geschieht das inzwischen auf anderen Wegen und mit anderen Mitteln. Auch dies ist ein Grund, dass Türen und Handelswege eröffnende Diplomaten heute nur mehr selten Uhrengeschenke in ihrem Gepäck haben.

In spätmodernen Zeiten, in denen Statuspassagen und der diplomatische Reiseverkehr immer seltener von Uhrengeschenken begleitet und aufgewertet werden, lassen uns Beobachter kultureller Transformationsdynamiken wissen, dass es in erster Linie Geldgeschenke sind, gefolgt von elektronischen Geräten, die die Uhren als bevorzugte Präsente abgelöst und ersetzt haben. Danach erst folgen Uhren. Fragt man nach dem Grund dieses „Absturzes", dann bekommt man, selbst von Fachleuten aus dem Uhrengewerbe, die Erklärung: „Uhren lassen heute Reiz und Ausstrahlung vermissen." Es fehlt ihnen jene Multifunktionalität, die das Leben in einer Gesellschaft, welche auf hochflexible Zeitverdichtung und auf Permanenzbetrieb setzt, im 21. Jahrhundert verlangt. Die anstrengenden Turnübungen der Zeitkoordination lassen sich mit dem Handy weitaus komfortabler und für die Beteiligten auch erfolgreicher gestalten, als dies mit der Uhr möglich wäre. Uhren haben ihre Funktion erfüllt. Die Uhren können gehen.

Diktatorin der Zeit

Endgültig vorüber sind die Zeiten, als der sich an der Haustürschwelle aufbauende Familienpatriarch, den Zeigefinger aufs Ziffernblatt der Armbanduhr richtend, die Restfamilie im Befehlston anherrschte: „Ihr seid schon wieder zu spät dran, beeilt euch gefälligst". Familienväter, die heutzutage die Autorität von Uhren in Anspruch nehmen, um ihren Willen durchzusetzen, müssen damit rechnen, mit einem bedauernden, einem mitleidigen Lächeln abgespeist zu werden. Der Platz für solche Gesten sind die Volkstheaterbühnen. Zwar wird weiter über wachsenden Zeitdruck geklagt und wenig getan, ihn zu verringern, das aber geschieht nur noch in Ausnahmefällen mit der Uhr in der Hand.

So begegnet man immer häufiger Zeitgenossen, mehr jüngeren als älteren, die ihr Handgelenk und ihren Puls von den tickenden Zeitfesseln befreit haben. Sie haben es auch getan, um Platz für Kleincomputer und Smartwatches zu schaffen. Andere legen ihre Chronometer ab, weil ihnen irgendwann bewusst wurde, dass sie, ohne jemals vorher darüber nachgedacht zu haben, bis dahin mit einer Zeitfessel am Handgelenk durchs Leben gegangen sind. Die Uhr nämlich hat der Zeit Handschellen angelegt. Die Menschen sind zur Einsicht gelangt, bisher freiwillig getan zu haben, was sich die Justiz neuerdings als kostengünstige Variante des Gefängnisaufenthalts ausgedacht hat, das Anlegen einer die räumlich-zeitliche Mobilität einschränkenden Fußfessel. Der demonstrative Verzicht auf die Armbanduhr ist ein im doppelten Sinne „entfesselnder" Akt, der zugleich der Verzicht der auf den Leib gerückten mechanischen Zeit ist. Fragt man die uhrlos Glücklichen, warum sie sich von ihrem Zeitmesser verabschieden, antworten die einen: „Ich brauche Zeit, und davon habe ich mehr ohne Uhr als mit ihr." Andere, es sind Zeitgenossen, die wissen, dass der Gesetzgeber es erlaubt, ohne Uhr zu leben, sagen: „Ich benötige keine Uhr mehr, da ich die aktuelle Uhrzeit ebensogut von meinem Handy ablesen kann."

Die Menschen in Mitteleuropa und in Nordamerika haben sich im Lauf der Moderne an die Autorität der Uhrzeit gewöhnt, auch wenn diese zuweilen nur eine Scheinautorität war. Dabei ging ihnen der Blick auf die Möglichkeiten und Potentiale lebendiger Zeitvielfalt und zeitlicher Handlungsalternativen verloren. Sie konsultieren dann, und diese Geste haben sie spätestens in den Erziehungs- und Bildungsanstalten der Moderne gelernt, wenn sie die „Zeit" in den Blick nehmen, reflexartig die Uhr, und suchen, wollen sie jemandem „Zeit" schenken, ein Uhrengeschäft auf. Das ist in flexiblen Zeiten äußerst unflexibel.

Und so wird es heute immer offensichtlicher, dass die Zeiten der Uhrenherrschaft, nicht nur was den steigenden Geld- und Güterwohlstand angeht, fortschrittlich waren, sondern zugleich auch Zeiten großer Täuschungen, Selbsttäuschungen, einengender Zwänge und autoritärer Diktate. Die Uhr war für die Menschen nicht nur ein überaus nützliches und produktives Werkzeug, sie war auch eine ihr Zeithandeln einschränkende und kontrollierende Diktatorin. Ohne sich als Täterin erkennen zu geben, übte sie Gewalt gegen den menschlichen Körper aus und zwang zu einem von hohem Effizienzdruck und lustfeindlicher Selbstkontrolle begleiteten mechanischen Zeitverhalten, das seinen deutlichsten Ausdruck in der „Verpünktlichung" der Zeitgenossen fand. Nicht einmal die Deutsche Bahn AG hat hinbekommen, was die Uhr von den Menschen verlangt: „pünktlich wie die Eisenbahn" zu werden. Inzwischen ist die Bahn, das macht sie sympathisch, so unpünktlich wie die Menschen. Und so verlässt die Uhr, mal geschubst, mal gedrängt, mal von der flexibleren Konkurrenz dazu gezwungen, ihren über lange Zeit repräsentativen und unstrittigen Herrschaftssitz. Ganz freiwillig gibt sie ihre Residenz jedoch nicht auf. Mit geschwächter Abwehr und reduzierter Kraft zum Widerstand ergibt sie sich ihrem Schicksal und zieht sich in ihr Altersrefugium in der dem Untergang geweihten Renaissancestadt Venedig zurück. Ihre derzeitige Adresse: Fondamenta degli incurabili – Ufer der fürs Leben Verlorenen.

Im Rückblick kommt man nicht umhin, der Uhr die grandiose Leistung zu bestätigen, in einem inzwischen veränderungssüchtig und innovationsfreudig gewordenen Europa über 600 Jahre die Zeitherrschaft ausgeübt und die Menschen durch den nicht immer nur stummen Zwang der Verhältnisse dazu gebracht zu haben, willig und freiwillig zu tun, was der Takt des Räderwerks, der Zeigerverlauf und jene, die die Zeiger gestellt haben, von ihnen verlangt hatten. Das gelang nur, weil die Uhr es in bewundernswerter Weise fertiggebracht hat, Freiheiten und Zwänge ununterscheidbar zu machen. Nur so konnte es ihrer Zeigerlogik und ihrem Zeitmuster Takt gelingen, eine mehr als ein halbes Jahrtausend währende Diktatur über die Zeit und das Dasein der Menschen auszuüben.

In ihrer inzwischen 600 Jahre dauernden Herrschaft hat die Uhr aus der Zeit und dem Zeitleben der Bürger und Bürgerinnen etwas Mess- und Kalkulierbares gemacht. Ihre steile Karriere begann mit dem Sturz der Zeitgötter, in Mitteleuropa dem des einen Zeitgottes, und setzte sich durch das Ende jener Zeitmythen fort, die die Menschen einst nötig hatten, um die Zeitwelt zu ordnen und begreifbar zu machen. Für die Dramatik dieser zeitlichen Götterdämmerung fand der französische Aufklärer Denis Diderot die erhellende Beschreibung: „Die Welt ist kein Gott mehr. Sie ist eine Maschine mit ihren Rädern, Seilen, Rollen, Federn und Gewichten." Durch die Uhr ist der

Mensch zu einer den Naturgewalten vergleichbaren Zeitmacht geworden.

Mit der Veruhrzeitlichung verhält es sich wie mit dem Schwimmen: Man lernt es früh im Leben und vergisst dann, weil Routine einzieht, dass man es gelernt hat und nicht schon immer konnte. Verdrängt wird, und das ist ein Teil unserer ökologischen Probleme, die wir heute beklagen, dass wir uns, wenns um Uhrzeit geht, keinen Naturgesetzen unterwerfen, sondern selbst geschaffenen Zeitbedingungen, Zeitnormen und Zeiterwartungen. Und diese könnten, wie heute immer mehr Zeitgenossen bewusst wird, auch ganz anders aussehen, hätten wir die Uhr nicht zu einem Fetisch gemacht, dem die Eigenschaft zugeschrieben wurde, das menschliche Leben ordnen zu können.

Im Zeitalter der hochauflösenden Satellitenbilder, der allgegenwärtigen Kameras und der digitalen Rundumbeobachtung geht die lange Zeit hell strahlende Zeitwelt der Räderuhr zu Ende. Dämmerung zieht herauf, die Zeiten für die Uhren werden finster. Die Mitmach- und Folgebereitschaft, der sich die Uhr und der Glaube an sie sicher sein konnten, zeigen deutliche Symptome der Schwäche und der Ermüdung.

Flucht ins Übergewicht

Noch aber leisten die Uhren Gegenwehr und Widerstand. Noch wehren sich Zeitmesser und Uhrenhersteller gegen das Stottern des Zeitmotors Uhr und dessen Entsorgung in den Schubladen des Gewesenen. Dem Machtverlust der Uhr versuchen sie mit den Mitteln der Multifunktionalität Einhalt zu gebieten, einer Strategie, die, da sie bis in die Frühzeit der Uhrenproduktion reicht, eine lange Geschichte hat. Die Historie der Uhrenausstattung und der Uhrenformen füllt mehr als ein Kuriositätenkabinett mit seltsamen, originellen und zuweilen auch versponnenen Vorstellungen und Ideen. Nicht wenige der Chronometer überschreiten die Grenzen der Peinlichkeit und der Geschmacklosigkeit. Das war so und heute ist es nicht anders. In den Zeiten der Uhrendämmerung geschieht das vor allem dort, wo Uhrenhersteller der Meinung sind, mit zuweilen gleichermaßen hilf- wie sinnlosem Aufwand den Macht- und Funktionsverlust der Gebrauchsuhren durch auffälliges und vermeintlich originelles Design aufzuhalten oder zu kompensieren. Mehr Markterfolg versprechen sich Uhrmacher und Uhrenhändler heute durch so lächerliche Kuriositäten wie die nur alle 122 Jahre nachzujustierende Mondphasenfunktion ihres Produktes oder den beruhigenden Hinweis, die Zeiger würden in einer Milliarde Jahre weniger als eine Sekunde nachgehen. Die Botschaft ist eindeutig: Uhren sollen nicht nur die Zeit messen, sie sollen ihr auch widerstehen. Länger als ein Leben aber ist irgendwie unbescheiden.

Gemeinsam mit dem großmäuligen Versprechen, dem Ansehens- und Machtschwund des Zeitgebers Uhr Einhalt gebieten zu können, flüchtet sich der Uhrenhandel, dem Zeitgeist in paradoxer Manier vorauseilend und zugleich folgend, in die Ausstattungsform der übergewichtigen Multifunktionsuhr. Man bekommt die Armbanduhr, nach einem Intermezzo mit bunten und verrückten Plastikmodellen in den Jahrzehnten des ausgehenden 20. Jahrhunderts, inzwischen – als wäre die Pizza das große Vorbild – „mit allem drauf", „mit allem drin". Es gibt sie mit Höhenmesser, Kompass und GPS-Funktionen, mit Schritt- und Kalorienzähler, mit Wetterstation, Weckfunktion, Zeitzonenanzeige, Mondkalender, Währungsumrechner und selbstverständlich Internetzugang. Man kann sie als sprechende Armbanduhr mit dynamischem Coach (in 15 Sprachen abrufbar) für überarbeitete Menschen, die ihre Brille gerade nicht zur Hand haben und trotzdem wissen wollen, wie spät es ist, im Fachhandel kaufen. Konsequent setzt die Uhrenwerbung heute auf Abenteuer, Multifunktionalität und Faszination und, damit es nicht ganz absurd wird, auch noch auf Zeitmessung. Glaubt man den Hinweisen „gut informierter Kreise“ bei den allzeit sprungbereiten Multifunktionsjunkies, so werden uns mit der Anbindung der i-Watch ans Zeitgeistgerät Smartphone bald viele zusätzliche mehr oder weniger überflüssige Zugaben (Apps) überraschen, die bei der Niederschrift dieser Zeilen noch auf ihre Erfindung warten.

Auch in diesem Sinne geht die Uhr mit der Zeit. Sie erweitert ihr Können und wird smart. Es sieht ganz so aus – irgendwo ist das sicherlich bereits Realität –, als könnten wir demnächst mit der Uhr twittern, Telefonnummern speichern, unseren Puls und unseren Blutdruck kontrollieren und regulieren, wären in der Lage, poesiefreie Mails zu versenden, Facebook-Einträge zu verfassen und die aktuellen Kurse an der Teheraner Pistazienbörse abzufragen. Dann fiepst, vibriert und blinkt es nicht nur in den Jacken- und Hosentaschen, sondern auch am Hand- und beim einen oder anderen vielleicht sogar am Fußgelenk, wenn man ermahnt wird, sich wegen Bewegungsmangels mal wieder vom Bürostuhl zu erheben. Der Fortschritt sieht so aus, dass man bei langweiligen Sitzungen und Besprechungen nicht mehr umständlich das Handy aus der Hosentasche kramen muss, da ein Blick auf die klobige Manschette am Handgelenk reicht. Der mountainbikende Schnäppchenjäger kann mit seinem überfütterten Zeitmesser mit Höhenmesser, Temperaturskala, Puls- und selbstverständlich mit Trittfrequenz- und Geschwindigkeitsanzeiger bei seinen Freunden und Freundinnen Eindruck machen.

In England, das meldet eine Zeitung, haben Softwarefirmen Uhren mit digitalen Spickzetteln ausgerüstet, die Schülern beim Schummeln in Prüfungen helfen sollen. Auch das eine Innovation, die in nicht allzu ferner Zeit dazu führen wird, dass man Heranwachsenden zukünftig wird erklären müssen, dass Uhren einstmals zum Zwecke der Zeitmessung entwickelt wurden, um den Menschen zu sagen, was die Stunde geschlagen hat.

Die Uhren werden, je weiter die Heldendämmerung voranschreitet, ihren Herstellern und ihren Käufern vergleichbar, sie werden immer unbescheidener. Je größer ihr Funktionsverlust, desto aufdringlicher und präpotenter ihr Auftreten. Weder den Uhren noch ihren Besitzern reicht es mehr, zu sein und zu bleiben, was sie lange Zeit waren. Es muss immer etwas mehr sein, vor allem aber muss es so scheinen, als wäre es mehr. Inzwischen mästen sich die dieser Logik verfallenen Zeitmesser mit den überflüssigsten, skurrilsten und verrücktesten Zusatzfunktionen und werden dabei bis zur ästhetischen Zumutung dickleibig. Leuchtturm dieses eskalierenden Steigerungstrends ist die zur Selbstvermessung bestimmte Smartwatch von Apple, deren Verkaufszahlen jüngst die der Schweizer Uhrenindustrie hinter sich gelassen haben. Sie gibt sich nicht mit der Zeitmessung zufrieden und ist dabei einer Art Selbstvermessungswahn anheimgefallen. Sie dokumentiert die Bewegungen ihrer Besitzer und spricht zu ihnen: „Egal ob du mit dem Hund rausgehst, Treppen steigst oder mit deinen Kindern spielst. Sie merkt sich sogar, wenn du aufstehst. Und motiviert dich weiterzumachen. Denn alles zählt. Und das rechnet sich." Ist das eine Drohung oder ein Freiheitsversprechen? Und lässt sich das überhaupt noch unterscheiden? Zumal die Apple-Watch mit der gleichen Technik arbeitet wie die von der Justiz verordnete Bewegungsfreiheiten einschränkende Fußfessel.

Das Blaue vom Himmel herunter verspricht auch die „Slow Uhr". Vom Hersteller angepriesen wird sie als Uhr für Individualisten, „die einen neuen Zugang zum Thema ‚Zeit' suchen und die Kontrolle über ihre Lebenszeit zurückgewinnen wollen". Der Verzicht auf Sekunden- und Minutenzeiger, so das sich am Rande der Seriosität bewegende Versprechen, „reduziert den Stress und sorgt dafür, dass man mehr vom Tag hat". Die „Slow Uhr" ist die Uhr zum sich heute breit machenden Entschleunigungs-Lifestyle bei laufendem Motor. Ihre Ankündigung, die Zeit wieder natürlich wahrnehmen und den Moment erneut leben zu können, kann sie nicht einhalten. Das wäre nur realistisch, wenn sie sich selbst abschaffen würde. Eben das aber will sie vermeiden.

Bei dem ebenso hilflosen wie gleichermaßen zwecklosen Anti-Aging-Programm, das sich die an Altersschwäche leidenden Uhren derzeit verschreiben, konkurrieren klassische Funktionen, sinnlose technische Spielereien und prahlerische Raffinessen mit geschmacklosem Schnickschnack. Die überwiegende Mehrzahl der dem Lifting förderlichen Zusatzfunktionen haben mit den ursprünglichen Aufgaben der Uhr, die Zeit zu messen und anzusagen, nichts zu tun.

Man kann gar nicht anders als in der voluminösen Üppigkeit überschminkter und mit Funktionen überlasteter Chronometer ein Zeichen ihres Niedergangs, konkret: eine ihr Absterben ankündigende Scheinblüte, zu sehen. Wie sonst sollte man ihren unkontrollierten Drang, sich parasitär mit Zusatzausstattungen vollzustopfen, die wenig mit ihrem ursprünglichen Zweck zu tun haben, verstehen und erklären? Allerhöchstens noch als ein unbeabsichtigtes Eingeständnis – der Kalauer verlangt eine Entschuldigung –, dass sich der nagende Zahn der Zeit an der Uhr zu schaffen macht. Das bestätigt auch, ob gewollt oder ungewollt bleibt unklar, der langjährige Direktor des Internationalen Uhrenmuseums im schweizerischen La Chaux-de-Fonds. Einem Journalisten, der von ihm wissen wollte, wozu man heute überhaupt noch eine mechanische Uhr braucht, gab er die entwaffnende Antwort: „Ganz einfach: um Freude daran zu haben". Das ist deshalb ehrlich, weil er in der Uhr nicht mehr einen Gegenstand des Gebrauchs sieht, sondern ein Spielzeug, das für Spaß und Unterhaltung sorgt. Anders lässt sich der Hinweis des Uhrendirektors nicht verstehen. Und in der Tat: Nur als Spielzeug – Ergänzung: für Wohlhabende – scheint die Uhr noch eine Zukunft zu haben.

Um sich einen Eindruck von der Vielfalt der einmal verbreiteten Gebrauchsuhren zu verschaffen, wird man sich in Zukunft eine Eintrittskarte für eines der vielen heute bereits existierenden Uhrenmuseen kaufen müssen. Das ist zugleich ein Beleg für die Zeitlichkeit von Zeitmessern und es ist ein Hinweis, dass sie, da sie ihre Mission außerhalb des Uhrenmuseums erfüllt haben, mit der Zeit gehen müssen. Entlastet vom Stress der Zeitmess- und Zeitordnungsaufgaben, können Uhren daher heute ohne Schuldgefühle fremdgehen und ungeniert zum Schmuckstück, zur Geldanlage und auch zum Spielzeug und zum Ausstellungsobjekt werden. Um zu wissen, was die Stunde geschlagen hat, braucht man sie nicht mehr. Witzbolde sprechen in diesem Zusammenhang von einem zweiten U(h)rknall.

Nichts mehr auf die Reihe

Wo es um die Ordnung des Zeitlichen geht, ist die in der Uhr zur Form geronnene Idee der „Eins-nach-dem-anderen"-Reihung, der bekanntlich der Zeigerverlauf folgt, nicht länger alltagstaugliches Vorbild. Mit dem Leitbildcharakter der linearen Uhrenlogik vermindert sich auch die Leidenschaft, „alles auf die Reihe" zu bekommen, und es verringert sich der Zwang, dann erst mit etwas Neuem zu beginnen, wenn man das, was man gerade tut, zum Abschluss gebracht hat. Handlungssequenzen die der linearen Organisation des Hinter- und des Nacheinander gehorchen, verlieren im Alltag, besonders aber in der Lebenswelt der Ökonomie an Attraktivität und Produktivkraft. Nicht einmal der US-amerikanische Coutrysänger Johnny Cash konnte diese Dynamik aufhalten, geschweige denn stoppen, als er sich anschickte – es sind inzwischen mehr als 50 Jahre her –, dem sich wandelnden Zeitgeist mit seinem weltweit erfolgreichen Hit *I walk the line* Einhalt zu gebieten. Zumindest konnte er den raschen Siegeszug des nicht linearen Vernetzungsmediums „Internet“ singend nicht aufhalten.

Heute sind wir dort angekommen, wo die für die industrialisierte Gesellschaft wirkmächtige Idee verblasst, alles, vorweg die Arbeit, aber auch das individuelle und das soziale Privatleben, würden besser vorangehen, wenn sie so barrierefrei und berechenbar funktionieren würden, wie die Uhrzeiger es vormachen. Mit der Verbreitung innovativer computergestützter Informations-, Arbeits- und Produktionsverfahren seit dem ausgehenden 20. Jahrhundert veränderten sich nicht nur die Arbeitspraktiken und das Konsumverhalten, sondern auch das Fortschrittsverständnis und mit ihm die Leitbilder des Zeithandelns. An die Stelle von Einheit trat Vielfalt, was einst standardisiert war, ist heute flexibel. Viele Zeitgenossen stellen sich die Frage, die den französischen Lyriker Charles Baudelaire bereits vor 150 Jahren umtrieb: „Wieso etwas geradlinig machen, wenn es auch krumm geht?“

Die Zeigerzeit ist die konsequente Umsetzung einer linientreuen Zeit. Sie macht den maximierten Verlauf, den wir „Gerade“ nennen und in der die Griechen einst das verwirrendste aller Labyrinthe sahen, zum gesellschaftlich verbindlichen Ab- und Vorbild für Zeitverläufe. Die scheinbare Klarheit der Zeigerlogik, das wurde mit der Verbreitung der Uhr und ihrer Zeit immer deutlicher, verführt und verleitet dazu, das labyrinthische Verwirr- und Desorientierungspotential des Linearen zu übersehen, zumindest aber zu unterschätzen. Das schlichte und relativ einfach organisierbare und berechenbare Eins-nach-dem-anderen der Fließbandlogik ist den Menschen, von denen Kant schrieb, sie seien aus „krummem Holz geschnitzt", fremd. Und in der Fremde, das weiß man aus eigener Erfahrung und aus Berichten von Zeitgenossen, wächst die Gefahr des Verirrens. So ist die Annahme denn nicht allzu verwegen, die Zunahme der gesellschaftlichen und der individuellen Zeitprobleme und Zeitkonflikte hätte auch damit zu tun, dass man bisher mit zu viel Begeisterung das Vorbild des Zeithandelns im Zeigerverlauf sah. Menschen sind nicht so rational wie das Räderwerk der Uhr und sie sind nicht so zielstrebig und pausenlos, wie der Zeigerverlauf es vormacht. Man kann eben, eine von Kafka hinterlassene Erkenntnis, „ein Leben nicht so einrichten wie der Turner den Handstand".

Mit dem Überschreiten der Schwelle von der industriell zur digital geprägten Welt können wir einen Wandel der Zeitwahrnehmung, einer Umbildung des Zeitgefühls und einen veränderten Umgang mit dem Zeitlichen beobachten. Die Veränderungen sind zu einem nicht geringen Teil Zeichen und Folgen des dramatischen Zerfalls der ehemals von der Gestaltungskraft des Uhrentaktes und der Zeigerlogik geordneten Welt. Der Vitalitätsverlust der Uhrzeit ist in erster Linie die Folge der Unbelehrbarkeit des Zeigerverlaufs und der Starrsinnigkeit des Uhrentaktes. Die zuverlässige Gleichmäßigkeit des zeitlichen Hintereinander der Zeigerverläufe, das verlässliche 259 000-malige Tick und das diesem nacheifernde 259 000-malige Tack der Unruhspirale, vor allem aber die Ungebundenheit des Ticktack ans Wetter, dessen Ignoranz gegenüber Helligkeit und Dunkelheit und die Distanz zu den Jahreszeiten und ihren rhythmischen Verläufen hat zu folgenschweren Täuschungen und Selbsttäuschungen verleitet. Zu deren wirkmächtigsten zählt die Illusion, die Welt und das Geschehen in ihr glichen einer Uhr und dem Lauf der Zeiger.

War die auf der Uhrenlogik aufbauende Industriegesellschaft vor allem eine von Männern, Arbeitsteilung, Hierarchie und Herrschaftswissen geprägte vertaktete Welt, so verlangt das digitalisierte, horizontal vernetzte Dasein sehr viel mehr Flexibilität und größere Elastizitäten, was Zeit und Raum angeht. Es benötigt hierarchieschwache Kommunikation und entgrenzte Formen der Zusammenarbeit. Die Informatisierung ist der Kern umfassender Transformationen in der Arbeitswelt und bei der kapitalistischen Produktionsweise. Sie wird derzeit unter dem Stichwort „Industrie 4.0“ nummeriert und diskutiert. Nach der Uhr, der Dampfmaschine und dem Taylorismus krempeln jetzt intelligente, mit Sensortechnik optimierte digitale Maschinen die Welten der Arbeit und deren Zeitordnung grundlegend um. Die Maschinenlaufzeiten korrespondieren nicht mehr mit den biologischen Zeiten ihres Bedienungspersonals. Immer häufiger und immer umfangreicher sind die Maschinen vernetzt. Sie kommunizieren miteinander, teilen sich mit, wann wie viel Ersatz und Hilfe für den Erhalt der Funktionsfähigkeit gebraucht werden. Das Takt-Prinzip der klassischen Industriearbeit hingegen, umgesetzt in der linearen Zeitschiene der Programmfolge des Fließbandes und des Medienangebotes, verliert an Gestaltungskraft und Wirkmächtigkeit.

Dass dieser Wandel, für den auch gerne die starke Formulierung „Revolution“ bemüht wird, heute in vollem Gange ist, kann nur von hartnäckigen Ignoranten geleugnet werden. Er verändert die bisher gewohnten Formen des Lebens und Arbeitens, beeinflusst unser zeitliches In-der-Welt- und unser Selbstsein, revolutioniert die Handlungsräume und schafft neue Bedürfnisse. Gigabyte, Pixel, Glasfaser, Highspeed-Internet lauten die erfolgreichen Schlüsselbegriffe, die von ökonomischen Wachstumshoffnungen begleitet werden. Sie übernehmen die Plätze von Fließbändern, Schrauben, Hebeln und vertakteten Maschinenparks. Wo einstmals Fließbänder den Takt vorgaben, bestimmen jetzt schnelle Algorithmen und Apps die Richtung, in die es langgeht. Schon länger sind es keine riesigen Fabrikgebäude mit hohen Schornsteinen mehr, keine von Sirenentönen gerahmten festen Arbeitszeiten und auch keine starren Hierarchien, die den Arbeitsalltag charakterisieren. Es sind Informationen, vernetztes Denken und Prozesswissen. Der Ingenieur mit der Uhr am Handgelenk, wie er bisher überall zu sehen war, wird, falls er es nicht schon wurde, vom uhrlosen Softwareexperten mit Smartphone abgelöst. Die Kultur der Leistung muss der des Erfolges weichen. Der in solch einer Welt überflüssige Blick zur Uhr wird durch akustische und optische Signale ersetzt, die von mobilen Geräten ausgehen, denen der stets abrufbare sprungbereite Zeitgenosse heute gehorcht wie der Jagdhund dem Pfiff seines Herrn.

Die Zeitkonflikte und Zeitwidersprüche – auch das eine Signatur dieser Umbruchzeit – nehmen eher zu als ab. Je poröser, je globaler die traditionellen Zeit- und Raumordnungen werden, desto enger die eigene Orts- und Zeitgebundenheit. Je lauter und aufdringlicher die Offerten des Ausbaus der Räume zur Selbstorganisation und die zeitlichen Freiheitsspielräume, desto nachdrücklicher der Druck, sie zu nutzen. Die tariflichen Spielräume zur Flexibilisierung und zur Arbeits- und Erlebnisverdichtung werden zusammen mit dem Versprechen, auf diese Weise mehr vom Leben zu haben, energisch und rigoros ausgebaut. Immer mehr Beschäftigte arbeiten heute zeitlich und räumlich mobil. Sie schlagen ihr Büro mal hier, mal dort auf. „Gleitzeit", „Vertrauensarbeitszeit", „Leiharbeit", „Teilzeitarbeit" und „Projektarbeit" heißen die Konsequenzen der Flexibilisierung. Die Zahl der Führungskräfte, die ihre Arbeitsleistung ohne Zeiterfassung und Zeitkontrolle durch den Arbeitgeber erbringen, steigt von Tag zu Tag. Kollektive

Arbeitszeitregelungen werden durch individuelle Vereinbarungen ergänzt, ehemals identische Arbeitsbedingungen durch eine Vielfalt unterschiedlicher Arbeitskonditionen abgelöst. Zeitliche und räumliche Flexibilität gelten als neue und wichtigste postindustrielle Schlüsselkompetenzen für die zum Rollenverständnis von Führungskräften gehörende „Keine-Zeit-Kultur".

Zu den die Uhren vom Zeitthron stürzenden Dynamiken des postindustriellen Zeitalters gehört es auch, dass von Uhrzeit geregelte Zeitgrenzen und Zeitinstitutionen wie der Feierabend, das Wochenende und die 5 000 Jahre alte kulturelle Überlieferung eines Kulttages in der Woche – bei den Christen ist dies der „Sonntag" – als stabile Elemente der Zeitorganisation an Einfluss und Verbindlichkeit verlieren. Es scheint fast so, als hätte die postmoderne Welt für zeitliche Grenzen nur mehr Herablassung übrig. Deren Bewohner wird zugemutet, die unterschiedlichsten Zeitanforderungen der konkurrierenden Lebenswelten eigenständig auszubalancieren, Zeitgrenzen und Zeitmaße individuell und kurzfristig immer wieder von Neuem selbst zu errichten, zu verteidigen und einzureißen und die Zeitsignale auf ein besseres und zufrieden machendes Leben hin zu bewerten und zu organisieren. Flexibilität ist jedoch ein zweischneidiges Schwert. Sie vermag die Chancen auf zeitliche Selbstbestimmung zu verbessern, kann aber auch die Gefahren ausufernder zeitlicher Belastungen und die Neigung zu depressiven Episoden erhöhen.

Wo der von der Uhrzeit dominierte, gestaltete und organisierte industrielle Kern der Arbeitswelt schrumpft, sind die Gewinner der auf flexible Beweglichkeit und Zeitverdichtung ausgerichtete Dienstleistungsbereich und das neue Medium der Zeitorganisation, das Smartphone. Alle diese Veränderungen spielen sich vor unseren Augen auf der Bühne unserer Gesellschaft ab. Wir sind mitten drin und bekommen, wenn wir nicht selbst ein- und zugreifen, in diesem Wandlungsprozess eine Rolle und eine Position zugewiesen.

Annähernd sämtliche Erwartungen und Hoffnungen, diese Entwicklung könne zu einer von Zeitdruck und Zeitturbulenzen befreiten Daseinsgestaltung führen, sind illusorisch. Auch nach der Befreiung von den Zeitdiktaten der Uhr wird die Verpflichtung auf die Erhöhung der Umdrehungszahlen und die Steigerung der Erlebnisepisoden des Zeithandelns nicht nachlassen. Computer, Internet und Smartphone sorgen dafür, dass, wo einst Takt war jetzt Turbulenzen, Zeitverdichtung und Vergleichzeitigung das Zeitgeschehen bestimmen. Die Ermahnungen und die Imperative, beim Gasgeben nicht nachzulassen, werden nicht geringer. Dafür sorgen an vorderster Front die um den Spitzenplatz rivalisierenden Treibstoffe der Beschleunigung, zum einen das Smartphone, das den von der Uhr geräumten Platz besetzt, und zum anderen die Kreditkarte, das Plastikversprechen, das Glück sofort und überall kaufen zu können. Wirklichkeit werden könnte aber, was vor ein paar Jahrzehnten noch kein Zeitgenosse für denkbar und erst recht nicht für machbar hielt: ein Leben mit dem Rücken zur Uhr führen zu können. Zu denen, die vor mehr als einem halben Jahrhundert davon träumten und redeten, gehört der Münchner Westentaschenphilosoph Karl Valentin. Er vertrat die Meinung, dass man nur dort zufrieden und zeitsatt leben kann, wo die Uhr ihren Einfluss verloren hat:

> *„Ich halte ja eine Uhr für überflüssig. Seh'n Sie, ich wohne ganz nah beim Rathaus. Und jeden Morgen, wenn ich ins Geschäft gehe, da schau ich auf die Rathausuhr hinauf, wie viel Uhr es ist, und da merke ich's mir gleich für den ganzen Tag und nütze meine Uhr nicht so ab."*

Entprogrammierung

Die erfolgversprechenden schöpferischen Kräfte und Energien – der Jargon der Ökonomie spricht in diesem Zusammenhang von „Innovationen“ – sucht und findet man, vor allem seit der weltweiten Karriere des Winzlings „Mikrochip“, vornehmlich im Verzweigten, Vernetzten und nicht linearen Verläufen, nicht selten auch bei Widersprüchlichem. Ein darauf aufbauender Zeitalltag folgt nicht mehr dem Vorbild der Uhr und des linearen Uhrzeiger-Verlaufs. Die Zeit schreitet nicht mehr von Zeitpunkt zu Zeitpunkt voran, der Takt macht nicht mehr die Musik.

Das setzt jene Zeitinstitutionen und Abläufe unter Reformdruck, die die Uhrzeit zum Vorbild haben. Dazu zählen die Fernseh- und Rundfunkprogramme, die Fahrpläne öffentlicher und privater Verkehrsmittel und die Lehr- und Stundenpläne der Bildungsanstalten. Sie verlieren in einer Gesellschaft, die immer weniger industriell geprägt ist, an zeitorganisatorischem Einfluss und an Gestaltungskraft.

Programm-Medien

Kaum eine Fernsehsendung mehr, bei der die Zuseher nicht kurz vor deren Ende die Einblendung zu lesen bekommen „Sendung verpasst?“ Das ist keine Frage, die eine Antwort verlangt, sondern der Vorlauf für die Botschaft: „Jederzeit in der Mediathek abrufbar“. Seitdem es Mediatheken gibt, lässt sich bei Fernsehzuschauern ein Nachlassen der Uhrentreue feststellen. Mediatheken verführen deren Nutzer bei ihrem Medienkonsum aus dem Nacheinander der linearen Abfolge, für das bisher der Begriff „Programm“ bereitgehalten wurde, auszubrechen. Mediatheken sind Internetangebote, in denen die zuvor im Programm und neuerdings auch demnächst im Programm gesendete Beiträge on demand zu einem beliebigen Zeitpunkt abgerufen werden können. Sie bieten online und mobil Radio- und Fernsehsendungen als Audios, als Videos und als Podcasts zum Download an. Statt „Sendung verpasst?" heißt es jetzt: „Schauen wann Sie wollen und wo Sie wollen", Uhrzeit uninteressant, da beliebig! Das Interesse an den multimedial aufbereiteten Angeboten der von den öffentlich-rechtlichen Sendern 2007 eingeführten Mediatheken steigt stark, auch weil immer mehr Zuschauer und Zuhörer das starre Programmschema als eine sie in ihrem Zeithandeln einengende Zumutung erleben.

In dieser „Wann-Sie-wollen, wo-Sie-wollen!"-Multifunktionswelt liefert der Blick auf die Uhr keine Orientierung mehr. Der Umgang mit den Angeboten der Mediatheken ähnelt dem Umgang mit einer Kleenex-Box. Der Zugriff geschieht rasch und „on demand". Zu Ende geht eine Zeit, in der den Zusehern über langfristig gültige Programmangebote lineare Zeitschienen vorgeschrieben und zur zeitlichen Orientierung angeboten wurden. Diese waren dem Eins-nach-dem-anderen-Lauf der Uhrzeiger und dem Takt des Fließbandes abgeschaut. Die Folgen dieser Entprogrammierung sind offensichtlich. Das Fernsehprogramm, das dem Alltag vieler Zeitgenossen über eine lange Zeit eine feste, stabile Zeitstruktur gab, erodiert und verliert an Einfluss und Wirkung. Vorbei ist damit auch die einst verbreitete Tradition des rituellen Abgleichs der Armbanduhr mit der Fernsehuhr am Beginn der täglichen Abendnachrichten. Es hat sich herumgesprochen und die Medien haben daran ihren Anteil: Die Zeit läuft nicht so rund und nicht so linear – das tat sie noch nie – wie die Uhr und deren Zeigerverläufe es suggerieren, vormachen und aufdrängen.

Uhrendämmerung auch bei der Bahn – nicht erst seit heute. Dort geht sie – Ironie und Paradoxien garantiert – mit dem Rückgang der Pünktlichkeit im Zugverkehr einher. Die Bahn fährt täglich, so eine Zeitungsmeldung, 8000 Stunden Verspätungen ein. Die Reaktion der Bahnverantwortlichen auf diese Bahn-Normalität: Die Zahl der Minutensprunguhren auf den Bahnsteigen wird, so eine Information aus den Vorstandsetagen der Deutsche Bahn AG, „ausgedünnt". Nach Umbau- und Renovierungsmaßnahmen geschieht das bereits regelmäßig in Empfangshallen und an Ein- und Ausgängen von Bahnhofsgebäuden. Die auflagenstärkste Regionalzeitung in der Region meldet, dass in Bad Nauheim die Uhr in der Bahnhofshalle, die „wegen Unpünktlichkeit zu Verdruss geführt hatte, demontiert worden ist". Die Bahn als Eigentümerin will sich nicht mehr um sie kümmern. Der Grund: „Sie ist unwirtschaftlich."

Das ist nicht nur deutlich, das kommt einem Todesurteil für Uhren gleich. Vollzogen ist dieses bereits bei Parkuhren auf Bahnhofsvorplätzen. In die gleiche Kerbe schlägt die *Neue Presse Coburg*, sie erklärt am 28. April 2018: „Die museumsreifen Geräte sind längst nicht mehr wirtschaftlich." Es war die Wirtschaft, die zuallererst dafür gesorgt hat, dass Uhren im öffentlichen Raum platziert wurden, um den Passanten Orientierung im Zeitlichen zu geben. Und jetzt ist es wieder die Wirtschaft die das nicht mehr für notwendig hält und zum Rückzug der Uhren aus der Öffentlichkeit bläst. Eine Entwicklung, die zu den großen Ironien der Uhrengeschichte gehört. Nicht nur der Zahn der Zeit nagt an der Uhr und ihren Zeigern, es ist in erster Linie die von Beschleunigungs- und Wachstumsimperativen angetriebene Zeit-ist-Geld-Ökonomie, die das Urteil fällt, ihre tickende „Ernährerin" hätte heute ihre Aufgabe erfüllt. Wenn Uhren aus ökonomischer Sicht nicht mehr zeitgemäß sind, sind die Zeiten ebenfalls nicht mehr uhrzeitgemäß.

Auch bei der unendlichen Geschichte des Scheiterns an einem fahrplangerechten, sprich: pünktlichen Zugverkehr, beginnt es zu dämmern. Inzwischen gehorcht dieser zwar dem Motto: „Ich komme. wann ich will, und daher stets pünktlich", und trotzdem erklären die ins Scheitern verliebten Fahrplanersteller jedes Jahr von Neuem zu einem „Jahr der Pünktlichkeit". Davon werden sie, so siehts aus, so lange nicht ablassen, bis auch der letzte Bahnkunde merkt, dass Pünktlichkeit, wie etwa das sündenfreie Leben, eine nicht allzu attraktive Melange aus Wahnvorstellung und Zwangshandlung, aus Illusionen und Selbstüberschätzungen ist. Der Feldzug der Bahnverantwortlichen gegen das Zuspätkommen war immer ein nur schwer nachvollziehbares selbstverordnetes „Vergnügen", zu dessen Erklärung man am ehesten Argumente aus der Psychopathologie und am besten sogar aus der Theologie bemühen sollte. Der Vorstand der Deutsche Bahn AG verhält sich in dieser Angelegenheit so, wie man dies von Übergewichtigen kennt. Im Zugverkehr ist es die Verletzung der Pünktlichkeitserwartung, bei den Menschen mit den zu vielen Pfunden der Verstoß gegen die Diätvorschriften, die den Zuwiderhandelnden zusätzlichen Genuss verschaffen.

Die Bahn hat sich, ohne dass erkennbar wäre, wer sie beauftragt hat, an die Spitze jener Institutionen gesetzt, die den Kampf gegen Verspätungen anführen. Warum aber sollte man Verspätungen beim Zugverkehr abschaffen, warum sie bekämpfen, wo doch so viele Bahnkunden ihren Zug nur deshalb erreichen, weil auch sie zu spät dran sind? Man sollte nur mal Vielflieger und Vielfahrer fragen. Diese gestehen offen, dass sie Verspätungen schätzen und genießen. Sind das doch die einzigen Momente, die sie vom Diktat der Uhrzeit befreien und es ihnen gestatten, die Zeit jenseits der verterminierten

Uhrzeit zu leben. Verspätungen gehören zur Bahn wie der Daumen zur Hand. Deshalb der Rat an die Verantwortlichen, in Zukunft nicht mit illusionären Pünktlichkeitsversprechen zu werben, sondern mit dem weitaus attraktiveren Angebot: „Bei uns sind Sie immer am Zug." Zumindest diejenigen Zeitgenossen, die auf ihrem Smartphone die Uhrzeitanzeige noch nicht gefunden haben, werden den Bahnverantwortlichen dankbar sein. Lässt sich nicht einmal der Zugverkehr erfolgreich „verfahrplanen", vulgo: vertakten, wie sollte sich dann das Leben mit dem Lauf der Zeiger in Übereinstimmung bringen lassen? Wer es trotzdem versucht wird, wie der auf einen pünktlichen Zugverkehr bestehende Bahnkunde, nicht glücklich und bekommt obendrein noch schlechte Laune.

Lehr- und Stundenpläne

Kinder werden bekanntlich weder mit einer Uhr am Handgelenk noch mit einem Pünktlichkeitsgen geboren. Veruhrzeitlichung und die Pünktlichmachung benötigen daher Erziehung, Dressur und Drill. Mit ihnen bringt man jungen Menschen bis zum heutigen Tag jene Einstellungen und Fähigkeiten bei, die ihnen von der Zeitwirtschaft der Arbeit später abverlangt werden. Die Obrigkeit verpflichtet die Eltern bis heute, ihre Kinder ab einem gewissen Alter – üblich sind sechs Jahre – in eine Schule zu schicken, damit sie nach ihrer Entlassung freiwillig tun, was die Gesellschaft und die Arbeitswelt von ihnen als Erwachsenen verlangen und erwarten. Selbst in der digitalisierten Welt der Smartphones und des Internets sorgt die strenge, der Stechuhr abgeschaute bürokratische Organisation der inzwischen alt aussehenden Schule dafür, dass den jungen Menschen die Uhrenlogik und das Zeitmuster der Uhr wie mit einer pädagogischen Druckerpresse ins Denken und Handeln gestanzt wird. Dieser „Erziehung“ genannte schulische Prägeprozess gilt als erfolgreich, wenn die Schüler und Schülerinnen ihr Zeithandeln nicht mehr an den Zeitsignalen ihrer inneren oder der äußeren Natur ausrichten und ihren subjektiven Neigungen und Bedürfnissen folgen, sondern den Regeln und Signalen der Uhrenmechanik gehorchen. Dabei sind es vor allem zwei Dinge, die den Schülern und Schülerinnen beigebracht werden: Sie sollen Uhr und Zeit in eins setzen, man kann auch sagen: „verwechseln“, und zum anderen sollen sie die Vorstellung entwickeln und sich zu eigen machen, es käme im Leben darauf an, Zeit zu sparen, zu gewinnen, zu managen und sie in den Griff zu bekommen.

Diese heute noch betriebene Veruhrzeitlichung der Heranwachsenden, die uhrzeitkompatible Beschulung ihres Zeitbewusstseins und ihres Zeitverhaltens, begann in Württemberg durch herzoglichen Erlass im Jahr 1649, in Preußen per Erlass des Königs 1717, in Bayern 1802 und in Sachsen 1835. Seitdem werden die Kinder in Deutschland systematisch darauf abgerichtet, die Uhrzeit als die für das Zeitleben einzig gültige und „richtige“ Zeit anzuerkennen und zwischen uhrzeitkonformem Verhalten und tugendhaftem Betragen einen kausalen Zusammenhang herzustellen. So stellt die Schule bis heute mit Methoden, die die Grenzen zwischen Information, Indoktrination und Dressur verwischen, den vertakteten bürokratischen Menschentypus her. Dieser versteht es, die Zeit in Zahlen zu verwandeln, sie zu messen, zu berechnen, und zeigt sich überall und immer fähig und willens, sie zur Gestaltung und zur Planung des Zeitlebens einzusetzen.

Bevor die erste Rechenaufgabe gelöst ist, wird Erstklässlern beigebracht, dass die Zeit der Uhr und die 45-Minuten-Stunde das Maß aller Dinge sind und dass das, was „Bildung“ heißt, in Lehrdeputaten und Stundenplänen kleingearbeitet wird. Zugleich werden in der Schule Zeitpraktiken eingeübt, die der

Vorstellung zuarbeiten, man könne Zeit auf einem Ziffernblatt ablesen, wo sich doch realiter auf diesem weit und breit keine Zeit, sondern nur Punkte und Striche blicken lassen. Zeit wird in der Schule mit der Elle der Uhr geordnet. Die qualitätslose Uhrzeit fungiert als Richtschnur und Leitbild bei der Planung, der Organisation, beim Unterrichten und Prüfen. Die Zeigerstellung entscheidet über Anfang und Ende von Unterrichts- und Pausenzeiten und legt fest, dass im Anschluss an die Turnstunde Mathematik gepaukt wird. So wird zu einer selbstverständlichen Realität, was in Wirklichkeit keine ist. Das Zeitdiktat, und das ist bis heute so, ist im Bildungsbereich das wichtigste aller Diktate. Die Macht in der Schule befindet sich weder im Rektorat noch haben sie die Lehrer und Lehrerinnen – was in der Schule geschieht und was nicht geschieht, entscheidet die Uhr.

Obgleich sich die Zeiten und der Umgang mit Zeit außerhalb der Schule grundlegend verändert haben, erleben die jungen Menschen während ihrer Schulzeit nur die Macht der linear geordneten Uhrzeit und der sie imitierenden Bürokratie. Ausgetrieben wird ihnen dabei das ihnen von ihrer eigenen Zeitnatur mitgegebene Gefühl und das Empfinden für die Buntheit und Vielfältigkeit der Zeiten und des Zeitlebens. Vorenthalten werden ihnen jene Zeitkompetenzen, die die alltäglichen Ausflüge ins zeitkomprimierende Nirwana des World Wide Web und ins aufmerksamkeitssedierende Hintergrundrauschen der eiligen Zeitökonomie des Netzes verlangen. So sieht die Schule, in der man alles, was man lernt, in vorgeschriebenen Zeiten lernen muss, in einer Umgebung, in der gleitende und flexible Arbeitszeiten längst zur Normalität gehören, Tag für Tag älter aus. Es gibt kein gutes und erfolgreiches Lernen mit der falschen Zeit.

Auch wenn es gesellschaftliche Veränderungen schwer haben, in schulischen Lehr-/Lernangeboten Resonanz zu finden, so trifft man hin und wieder auf Schulen, die sich offen für die Dynamiken der Spätmoderne und deren flexible Zeitkonzepte zeigen. In den Bildungsanstalten Skandinaviens zum Beispiel arbeitet man häufig mit elastischen Stundenplänen oder man schafft diese gleich ganz ab. In Deutschland findet man – meist eingeschränkt auf den Grundschulbereich – Modellversuche und zeitlich begrenzte Initiativen, die in eine ähnliche Richtung gehen. In der Berufsausbildung experimentiert man mit Konzepten, auch dies Innovationen, die einer wachsenden zeitlichen Flexibilisierung geschuldet sind, die das „Lehrgangsprinzip" durch das „Modulprinzip" ersetzen und/oder ergänzen. Grundsätzlich aber zeichnet sich die Schule nicht als eine Institution aus, die Zeitinnovationen fördert und auf den Weg bringt. Für Schulen ist der Chronometer, obgleich er in der Arbeitswelt spürbar an Organisationsmacht eingebüßt hat, weiterhin das Zeitmaß aller Dinge.

Und trotzdem: Die Uhr geht nach wie vor

Die Uhr ist entthront. Sie wurde zum Opfer der Zeit. Es wäre eine Illusion davon auszugehen, sie habe ihre Machtposition nur für einen kurzen Moment verlassen, um an der frischen Luft mal schnell eine Zigarette zu rauchen. Doch auch wenn die Uhr am Ende ist, Schluss ist mit ihr noch lange nicht. Die Zukunft wird mit weniger Uhren auskommen. Dabei wird es dem menschengemachten Zeitgott „Uhr" nicht anders ergehen als dem himmlischen Gott, über dessen Tod Friedrich Nietzsche in seiner *Fröhlichen Wissenschaft* schreibt: „Gott ist tot; aber so wie die Art der Menschen ist, wird es vielleicht noch Jahrtausende lang Höhlen geben, in denen man seinen Schatten zeigt." Bei den Uhren heißen diese Höhlen „Tresore". Uhren werden teurer. Aus dem Gebrauchsgegenstand Uhr wird das Luxusobjekt Uhr. Diese Entwicklung kennt Vorbilder. Es sind die Schicksale von Pferd und Segelschiff.

Dem Zeitmesser und Zeitorganisator „Uhr“ droht nach über 600 Jahren wirkmächtiger Zeitdiktate ein ähnliches Los, wie es die Pferde und die Segelschiffe bereits hinter sich haben. Rösser waren bekanntlich über Jahrtausende die wichtigsten und auch die schnellsten Transportmittel. Ihre Zeit ging zu Ende, als die Dampfmaschine auf die Schiene gesetzt wurde. Man benötigt Pferde in Europa heute nicht mehr als Arbeitstiere und auch nicht mehr als Transportmittel – und trotzdem sind sie nicht ausgestorben. Selbst jenseits des Tierparks und außerhalb des Zirkus haben sie überlebt, als „Lustpferde“, als lebendige Sportgeräte und als bewegliche Begleiter von Freizeitvergnügungen. Das Pferd ist zwar nicht mehr ein Gegenstand des alltäglichen Gebrauchs, aber ein relativ verbreiteter und beliebter „Luxusartikel“. Waren Pferde einst Teil des Lebens, führen sie heutzutage ein restzeitverlängertes luxuriöses Nachleben. Ganz ähnlich das Schicksal des Segelschiffs. Und heute hat sich auch die Uhr aufgemacht, diesen Weg zu gehen. Alle drei, Pferd, Segelschiff und Gebrauchsuhr, haben eines gemeinsam: Sie werden nicht mehr gebraucht und können doch nicht aufhören zu sein.

Uhren werden täglich älter, weil man sie im Alltag immer weniger und seltener benötigt. Sie stecken aber nicht, wie die Kirchen dies heutzutage beklagen, in einer Glaubens- sondern in einer Funktionskrise. Das bedeutet nicht, zumindest noch nicht, dass man demnächst gezwungen sein wird, sich, um die Uhrzeit zu erkunden, eine Eintrittskarte fürs Museum zu kaufen. Auch zukünftig wird es Sektoren und Nischen geben, die dem der Uhr zusetzenden grassierenden Multifunktionsvirus widerstehen und der Uhr Unterschlupf gewähren. Selbst wenn es so aussieht, als verändere sich alles sehr rasch, so ist doch die Uhrzeitparty noch nicht ganz vorüber. Noch werden die Zeiger nicht flächendeckend abmontiert, noch nicht alle Uhren überall entsorgt, auch wenn es bei den Gebrauchsuhren so kommen könnte. Uhrenliebhaber und Uhrensammler können gelassen und „cool" bleiben. Für Uhrensammler und Uhrenliebhaber gibt es keinen Anlass zur Aufregung. Ihre potentiellen Ängste, auf ihre Sammelleidenschaft demnächst verzichten zu müssen, ist unbegründet. Eher ist das Gegenteil der Fall. Die Liebhaber wertvoller Uhren können sich ganz entspannt zurücklehnen, da auch in Zukunft das Werbeversprechen gilt: „Mit dem Zeitmesser am Handgelenk beweisen Sie in jeder Situation Stilgefühl." Na, vielleicht nicht in jeder Situation, aber sicherlich dort, wo „Stil" angesagt ist. In der übrigen Zeit wird die Uhr ihre Heimat nicht mehr am Unterarm, sondern im Tresor haben.

Ihren dramatischsten Ausdruck findet das Dahindämmern der Uhren im Niedergang der traditionellen Uhrenindustrie. Der vor 100 Jahren weltweit führende Produzent von Gebrauchsuhren, die 1861 gegründete renommierte Schwarzwälder Uhrenfabrik Junghans, sah sich nur kurz nach dem Eintritt ins 21. Jahrhundert gezwungen, Insolvenz anzumelden. Auch das lässt sich als Botschaft verstehen, dass die Fortschrittserwartungen des digitalen Zeitalters sich nicht länger auf die von der Uhr repräsentierten scharf differenzierenden Ordnungskategorien des vorher/nachher, des später/früher und des pünktlich/unpünktlich stützen.

Den Abgang der Gebrauchsuhren von der Bühne des Zeittheaters kündigt der einschlägige Branchenbericht (2013) der Schweizer Großbank Credit Suisse an, nicht ohne darauf hinzuweisen, wo die Zukunft der Uhren liegen wird:

> *Der Erfolg der Schweizer Uhrenindustrie in den letzten zwei Jahrzehnten lässt sich insbesondere durch den Struk-*

turwandel und die Neuausrichtung auf hochwertige Produkte begründen, welche die Branche ab Mitte der 1990er-Jahre durchführte. Mit der Verbreitung von elektronischen Kommunikationsgeräten wie Computern und Mobiltelefonen – welche die Zeit präziser als (mechanische) Uhren angeben – wurde die Bedeutung der Uhr als Zeitmesser zunehmend vernachlässigbar. Der Schweizer Uhrenindustrie gelang es, den Paradigmenwechsel früh zu erkennen und neue Verkaufsargumente zu finden, welche vielmehr auf die symbolische und emotionale Dimension des Produkts abzielen. Die Uhr wurde vermehrt zum wirtschaftlichen, kulturellen und sozialen Statussymbol.

Das ist nicht nur eine realistische Analyse des Uhrenschicksals, das ist auch ein freundlich formulierter Abgesang auf Gebrauchsuhren und zugleich ist es ein Willkommensgruß an die im Bericht als „Paradigmenwechsel" angekündigte blühende Zukunft von Luxusuhren der Gattung: „Preis auf Anfrage". Die Schweizer Uhrenindustrie hat sich zu ihrem eigenen Vorteil und Nutzen inzwischen darauf eingestellt und ausgerichtet. Die Statistik ist in dieser Hinsicht sehr aussagekräftig. Sie meldet: Nur 1,7 Prozent aller Uhren wurden im Jahr 2014 in der Schweiz hergestellt. Was hingegen den weltweiten Umsatz betrifft, war die Schweizer Uhrenindustrie mit einem Anteil von 58 Prozent global führend.

Uhren machen Leute. Für Uhrenliebhaber und für Personengruppen, die ein großes Interesse daran haben, mehr zu scheinen als zu sein, sowie für Zeitgenossen mit einem überdurchschnittlichen Repräsentationsbedürfnis – gefüllte Brieftaschen und volle Bankkonten vorausgesetzt – heißt die gute Nachricht: Die Uhr findet im Luxusbedürfnis des wohlhabenden Teils der Menschheit ein vergoldetes Unterkommen als Stilmittel im relativ engen Rahmen modischer Gestaltungsmöglichkeiten, speziell bei Männern. Luxusuhren sind die Signatur einer mit materiellem Wohlstand ausgestatteten Gesellschaft. Sie sind in der Mikrowelt des geschniegelten Äußeren, der teuren Autos und der besternten Restaurants, in der es um die symbolische, die zeremonielle und die theatralische Ausgestaltung des sozialen Lebens geht, eine Art Prestigewährung. Darüber hinaus besitzen teure Uhren die Funktion eines Fetischs. Sie sind ihren Eignern, die zeigen wollen, dass sie viel Geld verdienen, nicht unbedingt von praktischem Nutzen, sondern versprechen ihnen, die in dem tickenden Luxusprodukt enthaltene spirituelle Kraft, die noble Eleganz und die hohe Präzision ginge an sie über.

Das sind denn auch die Gründe, warum es in naher und ferner Zukunft weiterhin Uhren geben wird und, das Wichtigste für die Branchenanalytiker, dass die Bereitschaft vorhanden ist, dafür viel Geld auszugeben. Das Sortiment ist breit: Alte und neue, teure und nicht ganz so teure, bescheidene und protzige, schöne und hässliche Uhren, die einen mit Sichtboden und andere ohne einen solchen, Uhren mit Preisschild und immer mehr auch welche, bei denen man den Preis nur durch Nachfrage erfährt.

Teure Uhren legt man sich zu, wie nicht immer vergleichbar teure Markensonnenbrillen, brillantgeschmückte Smartphones und Luxusfüllfederhalter, zur Demonstration kulturellen und sozialen Kapitals. Den Mächtigen und Reichen dienen sie vor allem zur nonverbalen Statuskommunikation. Sie befriedigen Sehnsüchte nach sozialer Distinktion, nach Status und Prestige, sie befördern die Produktion von Bedeutsamkeit und sozialer Abgrenzung und bedienen unterschiedlichste Wünsche nach Erkennbarkeit von Lebensstilen, Gruppenzugehörigkeit und sozialer Position. Darüber hinaus werden auch Einstellungen und Lebensauffassungen mit Luxusuhren kommuniziert. So erkennt man den vermögenden Entschleuniger am veredelten Minimalismus der Ein-Zeiger-Uhr von Meister-Singer und der Fortschrittsfan outet sich seiner Mitwelt durch das Tragen eines Chronometers, der eine handwerklich bewundernswerte Uhrentechnik mit Smart-Tech verbindet.

Statuspunkte sammelnde Zeitgenossen legen sich teure Uhren nicht zu, um pünktlicher zu werden, sondern um die Kontaktpersonen ihrer sozialen Mitwelt durch einen raschen Blick zu informieren, mit wem sie es zu tun haben. Uhren- und Zeitliebhaber, die sich mit wertvollen Objekten schmücken und die ihren Lebensstil, der in Verkaufsprospekten als „Lifestyle" auftaucht, durch das am Unterarm befestigte teure Accessoire dokumentieren und von dort die Botschaft an ihre Mitwelt senden, ihnen sei die Zeit kostbar, müssen nicht befürchten, gemeinsam mit ihren tickenden Schmuckstücken, selbst wenn es sich um teure Vintage-Uhren handelt, für wohlhabende Nostalgiker gehalten zu werden, die von gestern sind. Aura, Ansehen, Prestige und Weltanschauungen sind in dieser unserer Zeit-ist-Geld-Welt käuflich.

Die Uhr spielt heute im öffentlichen Schauspiel des diskreten Charmes sozialer Distanzen und Bedeutungen als Ausstattungsgegenstand zwischen „zeitlos elegant" und „charakterstark sportlich" eine wichtige Rolle. Spötter sprechen mit Blick auf das „Uhren machen Leute"-Programm testosterongesteuerter Uhrenbesitzer von einem „Darwinismus am Handgelenk". Wenn nicht alles täuscht, wird dieses Programm in der Kaste derer, die um die höchsten Boni und die übervollsten Terminkalender konkurrieren, in Zukunft eher mehr als weniger Anhänger finden. Es gehört nämlich dort, wo es ums Gesehen- und Bewundertwerden geht, zur Gewohnheit, vor allem solche Dinge und Güter des demonstrativen Konsums dafür einzusetzen, die man für ein gutes Leben eigentlich nicht braucht.

Dass es dabei nicht immer ethisch „sauber“ zugeht, beweist der signifikante Umsatzeinbruch der Schweizer Luxusuhrenindustrie, wenn der Kampf gegen die Korruption wieder mal auf der öffentlichen Tagesordnung steht und, wie die Zyklen der Branchenkrisen belegen, wenn die für 50 Prozent des Luxusuhrenumsatzes verantwortlichen Chinesen die Korruptionsbekämpfung wieder mal verschärfen. Ja und dann spielen teure Uhren noch im kriminellen Milieu der illegalen Geldwäsche, dort wo schmutziges Geld „sauber“ gemacht werden soll, eine prominente Rolle. Aber auch dies ist auf Dauer keine Garantie für eine goldene Zukunft der Uhren.

Im 16./17. Jahrhundert war der Uhrenbesitz weitestgehend auf den Adel und die damals überschaubare bürgerliche Oberschicht begrenzt. Ihren Eignern ging es dabei nicht um eine möglichst präzise Zeitmessung, sondern um die an die soziale Mitwelt gerichtete Botschaft ihres privilegierten Status. Im Laufe des 19., besonders aber im folgenden 20. Jahrhundert wurde der Besitz von Uhren, vor allem weil sie billiger wurden, dann mehr und mehr demokratisiert. Teure Uhren tauchen inzwischen in den Empfehlungen von Anlageberatern auf und werden dort als Investment mit Wertsteigerungspotential angepriesen. Man findet sie nicht mehr nur als Sammlungsstücke in ehemals fürstlichen Kunst- und Wunderkammern, sondern viel häufiger als Geldanlage oder als Uhrenportfolio in Privatsafes, Banktresoren und am Handgelenk repräsentationsbewusster Zeitgenossen. Kein anderes Accessoire ist als Schmuck bei Männern vergleichbar beliebt, zumal es Bewunderung und Anerkennung garantiert und ideellen und symbolischen Wert besitzt. Uhren sind für den männlichen Teil der Bevölkerung der einzige Schmuck – ein Argument, das zu unterschätzen man sich hüten sollte –, den sie, ohne unkontrollierbare Fantasien loszutreten, in der Öffentlichkeit tragen können. Ganz abgesehen von dem Sachverhalt, dass Chronometer für die Männer bis ins hohe Alter auch häufig eine Art Spielzeug sind, gestützt durch den Befund der Psychologen, es sei nie zu spät für eine glückliche Kindheit.

Oftmals und gerne werden Luxusuhren mit ausschweifenden Argumenten und Übertreibungen beworben, so als konzentriere sich in der Hochwertigkeit des feinmechanischen Produkts der Erfindungsreichtum der Menschheit und die Handwerkskunst ganzer Jahrhunderte. Andere Uhren rechtfertigen ihren Preis durch ihre hohen ästhetischen Ansprüche. Dabei handelt es sich meist um Uhren mit aufwändigen und raffinierten Zusatzfunktionen, die, falls sie über die reine Stunden- und Minutenangabe hinausgehen, im Kennerjargon „Komplikationen" genannt werden. Attraktiv sind sie vor allem, weil sie den Spieltrieb wohlhabender erwachsener Männer befriedigen und das soziale Umfeld zur Bewunderung animieren. Es sieht ganz so aus, als würde die ihres Gebrauchswerts beraubte Uhr in den Zeiten der Uhrendämmerung wieder zu dem werden, was sie für die gelangweilten Adligen bereits einmal war: ein auffälliger Gegenstand fürs Prestige und spielerische Begierden. Kein Wunder also, dass Schmuckuhrproduzenten – ihr aufwändiges Hochglanzmarketing beweist das – heute eine Existenz wie Maden im Speck des toten Kadavers „Gebrauchsuhr" führen.

Je mehr Uhren als Objekte des alltäglichen Gebrauchs an Zuspruch und Anziehungskraft verlieren, desto höher ihre Attraktivität als wertbeständiges, verschenk- und vererbbares Schmuckstück, desto stärker ihre Zugkraft als Geldanlage. „Sollten die Aktienmärkte wieder mal abstürzen ist eine Patek Philippe Calatrava stets eine gute und sichere Geldanlage", so oder so ähnlich lauten die Werbeversprechen. Für den Käufer eines schon mal den Preis einer Mittelklasselimousine übersteigenden Luxus-Chronografen, für die Liebhaber exklusiver Markenuhren und für den Zeitgenossen mit einem ausgeprägten Bedürfnis nach Repräsentation und einem zu Outfit und Lifestyle passenden Zubehör ist die Zeitmessfunktion des teuer bezahlten Objekts zweitrangig. Kein Mensch braucht, um in Erfahrung zu bringen, was die Stunde geschlagen hat, eine testosteronlastige gewichtige Rolex oder eine Jaeger-Le-Coultre mit trendigen Mehrfachkomplikationen.

Das hochpreisige Uhrengeschäft lebt, genau wie die Zucht von Rennpferden und der Markt für Segeljachten, vor allem vom Snobismus und dem Angeberbedürfnis reicher Männer aus der Upperclass und deren wechselnden Partnerinnen. Das Preis-auf-Anfrage-Spitzenprodukt der feinen Uhrenkunst an Handgelenk und Puls meldet der Mitwelt, dass man es mit einem erfolgreichen und einem wohlhabenden Menschen, einem Mitglied der Ober- bzw. der Reichenschicht zu tun hat. Was den Beobachter solcher Inszenierung jedoch immer wieder irritiert, ist der Sachverhalt, dass grandioser Erfindergeist und ausgefeilteste Uhrentechnik für die banalen Zwecke käuflicher Selbstdarstellung und der Vorspiegelung sozialer Unterschiede eingesetzt werden. Kommt man jedoch mit denjenigen in näheren Kontakt, die ihrer Mitwelt ihren Status und ihren Wohlstand über den Vorwand mitteilen, die Zeit im Blick zu haben, kann man sich gewöhnlich relativ leicht über die eigene Zwangsbescheidenheit und den Nichtbesitz einer Luxusuhr hinwegtrösten.

Unterfüttert und aufgewertet wird die Prestigekommunikation mit teuren Uhren auch durch die Marketingstrategie, die Luxusware mit Mythen, historischen Erzählungen und erfundenen Legenden aufzuladen und anzureichern, um sie attraktiver, wertvoller und teurer zu machen. Die Erstbesteigung des Mount Everest ist in Hochglanzprospekten und Kunstzeitschriften eng mit der Marke Rolex verbunden und die Mondlandung mit der von Omega-Uhren. Es handelt sich dabei um attraktive Markengeschichten, die viel zu schön sind, um kritisch auf ihren Wahrheitsgehalt hinterfragt zu werden.

Das Marketingkonzept der Uhrenindustrie im attraktiven und umsatzstarken Segment „Luxus“ folgt dem Motto: „Eine bewegende Geschichte erhöht den symbolischen und damit auch den finanziellen Wert einer Uhr.“ Fotografisch umgesetzt trifft man in Prospekten in diesem Zusammenhang auf gut gekleidete und perfekt frisierte Herren, die sich sichtlich Mühe geben, die bewundernden Blicke ihrer weiblichen Umgebung auf ihr mit einer wertvollen Uhr geschmücktes Handgelenk zu lenken, um so als Figuren der „Zeitgeschichte“, als die Bewahrer schöner Träume und vergangener Traditionen wahrgenommen und angeschwärmt zu werden. Das Prestigeobjekt Chronometer dient ihnen zu demonstrativen Darbietungen, für die man heute den Begriff „Performance“ reserviert hat. Es spricht alles dafür, dass wir in Zukunft auf den Hochglanzseiten unserer Zeitschriften unter der Überschrift: „Schmuck fürs Handgelenk“ noch mehr und noch häufiger prätentiöse Uhrenmodelle, mit weltweit bekannten Kulturgütern angereichert und ohne Preisangabe, zu sehen bekommen. Die selten unbescheidene Werbung, die ihren Trägern Aufmerksamkeit sichern soll, verkündet es offen und ohne Schnörkel: „Zum jeweiligen Outfit und passend zum Anlass die richtige Uhr.“ Der Geschäftsführer einer großen Uhrenfirma ergänzt in einem Zeitungsinterview: „Die Uhr ist heutzutage ein Statement.“ Als Zeitmesser – das meint er zwar, sagt es aber nicht – braucht man sie eigentlich nicht mehr. Sie ist nicht länger ein geeignetes Instrument zum Ablesen der aktuellen Zeit, sondern ist Symbol, Botschaft und Aussage zugleich.

Das aber bedeutet nicht, dass Zeitmessung und Zeitanzeige nicht mehr nötig wären. Im Gegenteil, man kann weniger denn je auf sie verzichten. Eine Uhr am Handgelenk braucht es jedoch dafür nicht. Dafür benötigt man Atomuhren, wie sie in der Physikalisch-Technischen Bundesanstalt in Braunschweig, einer Bundesoberbehörde im Geschäftsbereich des Bundesministeriums für Wirtschaft und Energie, stehen. Regelmäßig ausgestrahlte Funksignale des Senders DCF77 verbreiten und garantieren die offizielle Uhrzeit in Deutschland von dort.

Die Uhrzeit bleibt auch in den Zeiten ihrer Dämmerung und des Rückzugs von Uhren aus dem öffentlichen Raum weiterhin ein gewichtiges Werkzeug des Regierens und Führens. Weder die Definition der Zeitmaße, noch die Kontrolle der Uhrzeit lassen sich die Regierenden aus der Hand nehmen. Die Uhrensynchronisation, für die in der Braunschweiger Bundesanstalt gesorgt wird, verkörpert die Macht des Nationalstaates, seinen Bürgern und Bürgerinnen den zeitlichen Gleichschritt vorzuschreiben. Man kann sicher gehen, dass die staatliche Obrigkeit, allen Bestrebungen zur Privatisierung trotzend, auch zukünftig darauf beharrt, das Zeitliche zu regeln und festzulegen, was „Einheitszeit" genannt wird.

Entwarnung!

Die gute Nachricht: So wie es aussieht, hat das Leiden an der Uhrzeit ein Ende. Die Freunde und Freundinnen haben recht behalten, die auf die Klagen über die Diktate und die Zwänge der Uhrzeit immer schon mit dem Mut machenden Trost reagierten: „Nimms leicht, das geht vorbei." Und in der Tat, heute sieht es so aus: Der Uhrzeitschmerz lässt nach. Ein Grund zu Jubelausbrüchen ist dies aber nicht. Denn kaum wirds besser, zwickts auch schon an anderer Stelle.

Kein Grund zur Aufregung: Auch wenns dämmert, drehen die Normaluhren nicht durch, die Digitaluhren rattern ihre Zahlen nicht willkürlich herunter. Es wird weiterhin Uhren,

Uhrzeit und Uhrentakte geben. Von den Gebrauchsuhren werden es zwar weniger sein, dafür aber wächst der Umsatz bei den teuren Luxusuhren. Romantiker und sentimental veranlagte Zeitgenossen bekommen weiterhin die Uhren zu kaufen, die sie sich wünschen, und dürfen die, die sie besitzen, auch in der Zukunft behalten. Ganz sicher ist, dass es weiterhin Uhren, bei denen der Kuckuck meldet, was die Stunde geschlagen hat, geben wird. Jetzt auch aus dem Schwarzwald per Online-Bestellung und immer noch als Airport-Souvenir aus dem Abflugbereich des Flughafens. Auch in Zukunft werden sie zu den beliebtesten Last-Minute-Mitbringseln gehören. Wie sonst könnten japanische Businessmen ihren Geschäftspartnern, texanische Zahnärzte ihren Patienten und brasilianische Schönheitschirurgen ihren Kunden und Kundinnen ihre Weltläufigkeit und ihre romantische Ader demonstrieren? Was die gefälschte schwarzafrikanische Plastik für das Bücherregal und für den Schreibtisch des Psychoanalytikers, ist die Kuckucksuhr im Vorzimmer des weitgereisten Anwaltes. Da ändert sich wenig.

Teil II
Wie kommt der Kuckuck in die Uhr?

Viele Fragen, die diese Welt bewegt und bewegt haben, sind inzwischen beantwortet, andere hingegen noch nicht einmal gestellt. Zu Letzteren gehört eine Auskunft darüber, was der Kuckuck in der Uhr sucht und wie er in sie hineingekommen ist. Nicht einmal der genaue Zeitpunkt, seit wann der grau gefiederte Waldvogel durch seine arttypischen akustischen Zeitsignale verkündet, was die Stunde geschlagen hat, ist bekannt. Eine Klärung ist längst überfällig.

Zwischen der Erfindung der mechanischen Uhr und dem ersten Ruf eines mechanischen Kuckucks aus dem Dachkämmerchen einer Wanduhr lagen, zumindest das wissen wir, ungefähr 400 Jahre, in der die Räderuhr eine erfolgreiche Karriere gemacht hatte. Die Mitteleuropäer hatten sich zu der Zeit, als der Kuckuck seine Zweitwohnung zwischen mechanischem Pendelwerk und geschnitzten Holzornamenten bezog, in eine Region verwandelt, in der das Zeitleben den Diktaten der Uhrzeiger folgte und ihnen gehorchte. Wollte man zu dieser Zeit in Erfahrung bringen, wie früh oder wie spät man dran ist, schaute man nicht mehr, wie Jahrhunderte zuvor, zum Himmel, sondern auf große Uhren, die, an Kirch- und Uhrtürmen installiert, von Weitem sichtbar waren. Die Zeiger und deren Lauf gaben den Menschen die gewünschte Auskunft.

Als ein kreativer Handwerksmann auf die Idee kam, den Ruf des Kuckucks als Zeitzeichen einzusetzen, war die Veruhrzeitlichung der Mitteleuropäer und ihres Alltags längst in vollem Gange. Auch hatte sich zu dieser Zeit bereits die Leidenschaft entwickelt und verbreitet, Mitmenschen in pünktliche und unpünktliche Zeitgenossen einzuteilen. So gesehen gab es eigentlich keine akute Notwendigkeit, das Arrangement einer Zwangsehe zwischen einem mechanischen Uhrwerk und einem ebenso mechanischen Kuckuck voranzutreiben. Es sei denn, damals hätte ein großes Interesse daran bestanden, die Zeiten und die Instrumente der Zeitmessung abwechslungsreicher, unterhaltsamer und vielgestaltiger zu machen. Dafür aber gibt es keine Indizien. Trotz alledem wurde die Verbindung arrangiert und im schönen Schwarzwald – und nicht, wie die Amerikaner behaupten, in der Schweiz – dann schließlich auch vollzogen. Bis in die Gegenwart hat sich die Zusammenführung von Uhrwerk und Kuckuck als eine attraktive Beziehung herausgestellt, obgleich sich der Vogel in jüngerer Zeit, unter Originalitätsdruck gesetzt, hin und wieder etwas schräg präsentiert.

Es ist nicht unwahrscheinlich, dass Archäologen und Experten und Expertinnen der Kulturwissenschaften, wenn sie in ferner Zukunft nach bedeutenden Objekten von zugrunde gegangener Zivilisationen graben und in diesem Zusammenhang auch auf Kuckucksuhren stoßen, gut dotierte Forschungsprojekte auflegen werden, um herauszufinden, was ihre Vorfahren bewogen haben mag, so merkwürdige Artefakte wie die Kuckucksuhr herzustellen und in ihren Wohnungen aufzuhängen. Sie werden dabei auf keine üppig sprudelnden Quellen stoßen. Herausfinden werden sie jedoch, dass die „Uhr-Ahnin" der harmlosen Verrücktheit „Kuckucksuhr" das Licht der Welt zwischen 1730 und 1750 erblickt hat. Der triumphale Einzug ihrer unzählbar großen Nachkommenschar in die gutbürgerlichen Areale der Harmonie und der Gemütlichkeit startete dann ein paar Jahrzehnte später, zu Beginn des 19. Jahrhunderts. Doch erst lange Zeit danach, und zwar nach dem Ende des Zweiten Weltkrieges, wurde aus der regionalen Besonderheit „Kuckucksuhr" der neben dem Oktoberfest größte Erfolgsartikel des deutschen Volkskultur- und Traditionsexports. Der Siegeszug führte sie in die ganze Welt, auch in Kontinente jenseits der großen Ozeane. Auswandererziel Nummer eins war Nordamerika. Es waren nämlich vor allem die aus dem kriegszerstörten Europa zurückkehrenden amerikanischen Soldaten, die für den großen Exporterfolg der tickenden Schwarzwaldromantik sorgten.

Heute setzen die ehemals aus Deutschlands Südwesten ausgewanderten Wanduhren alles daran, den mechanisch hergestellten Ruf des Kuckucks auch in den Regionen Ostasiens, in Japan, Korea und China, sogar in Ozeanien zu verbreiten. Selbst das Zeitalter der Digitalisierung kann dem Exportboom nichts anhaben. Gehts um Mitbringsel aus Deutschland, zählen Kuckucksuhren bis heute unstrittig zu den großen Hits. Das sind sie auch, weil sie mit der Zeit und mit dem Zeitgeist gehen. Und so gibt es für Flachschläfer heute nicht nur spezielle Kopfkissen, es gibt für sie auch die Kuckucksuhr mit schlafschonender Nachtabschaltungsautomatik. Bei so viel Rücksichtnahme ist es denn kein Wunder, dass die Mehrheit der Touristen auf die Frage, was sie für typisch „deutsch" halten, die Kuckucksuhr und das Oktoberfest nennen.

Herkunft und Heimat des weltweit verbreiteten Uhrenkuckucks sind die dicht bewaldeten Höhen und Täler des zu den deutschen Mittelgebirgen zählenden Schwarzwaldes. Das zumindest ist sicher belegt, der konkrete Ort der Geburt hingegen ist es nicht. Gleich mehrere badische Kommunen konkurrieren um die Ehre, Herkunftsort des bis heute beliebtesten Irrtums der Evolution zu sein.

Frühzeitig bereits hat sich unter den einstmals angebotenen Modellvarianten die sogenannte „Bahnhäusle-Uhr" zur attraktivsten und – was die Verkaufszahlen angeht – zur erfolgreichsten Variante der Kuckucksuhr entwickelt. Die Uhr in der Form eines nachempfundenen Bahnwärterhäuschens, die heute als „Klassiker" gilt, geht zurück auf einen von der Badischen Uhrmacherschule 1850 in Furtwangen ausgerufenen Wettbewerb, den dieser Entwurf gewann. Die im doppelten Sinn herausragende Besonderheit und zugleich die größte Attraktivität der

Kuckucksuhr ist der bewegliche, hinter einer torähnlichen Klappe unter dem Dach installierte mechanische Vogel, der die Uhrzeit akustisch kundtut. Die Betriebsanleitung des Uhrenkuckucks sieht vor, dass er sich jeweils zur vollen Stunde den Anwesenden zeigt und ihnen, seinen Namen lautmalerisch rufend, die aktuelle Uhrzeit ansagt.

Dass der einst aus Holz geschnitzte Kuckuck heute immer häufiger durch einen Vogel aus Plastik ersetzt wird, tut seiner Attraktivität als regionalem Produkt mit weltweiter Popularität kaum einen Abbruch. Zumal das Schrankenwärterhäuschen der Badischen Staatsbahnen durch reiches Schnitzwerk mit Weinlaub, Vogel und Fuchs aufgehübscht, zu einem vielseitig attraktiven Idyll wurde, das einem möglicherweise drohenden Verlust der Volkstümlichkeit Einhalt gebietet.

Entgegen aller Heimatverbundenheit und trotz aller romantischen „Gute-alte-Zeiten"-Ausstrahlung haben der Fortschritt und die Zeichen der Globalisierung bei den Kuckucksuhren nicht Halt gemacht. Heute liefert sich die „German Cuckoo Clock" (Original Black Forest) Modell „Försterglück" einen harten Konkurrenzkampf mit dem zipfelmützigen Gartenzwerg als größter Verkaufsschlager der Airport-Geschenkeshops. Die Wahrscheinlichkeit ist hoch, dass beide, noch schnell vor dem Abheben des Flugzeugs gekauft, den langen Transport aus China in die deutschen Flughafenshops hinter sich haben. Von dort starten die Kuckucksuhren – „Quality to normal prizes!" – als „Schmückedeinheim" in die entferntesten Regionen der Welt, um nach einer langen Reise schließlich in klimatisierten Wohnzimmern reisefreudiger texanischer Internisten und sentimentaler japanischer Managerfamilien zu landen.

Neben bemalten Bierkrügen und Gartenzwergen gehört die Kuckucksuhr zu den weitaus beliebtesten, heute heißt das: zu den „kultigsten" Gastgeschenken von Austauschschülern, die in die USA, nach Kanada, Japan und Australien gehen. Obwohl das heutige „Försterglück" mit hoher Wahrscheinlichkeit aus chinesischer Massenproduktion stammt, konfrontiert der jetzt auch per Funksignal gesteuerte Plastikkuckuck unsere Zeitrafferwelt in globalem Ausmaß mit der Ruhe und der Beschaulichkeit einer längst verloren gegangenen Schwarzwaldidylle.

Im 21. Jahrhundert kommt der Uhrenkuckuck weiter in der Welt herum als sein lebendiges Vorbild. Ganz im Gegensatz zu seinen in den mitteleuropäischen Wäldern beheimateten nicht domestizierten Artgenossen zählt er zu den Gewinnern der Globalisierung. Überall da, wo von Heimat und Gemütlichkeit geschwärmt und gefaselt wird, taucht er auf. Dort fühlt er sich wohl, auch weil er die unromantische und anstrengende Welt der Konkurrierer und Wichtigtuer mit so etwas wie einer „romantischen Atmosphäre" aufmöbelt. Das trifft selbst auf die italienische Designer-Wanduhr ohne alle Schnörkel zu, in der der Kuckuck, wie es im Prospekt heißt: „oben rechts wohnt und zu jeder vollen Stunde aus dem Schlupfloch hervorkommt". Die meisten Uhrenkunden aber lieben Schnörkel und falsche Romantik und greifen daher eher zu einer Kuckucksuhr mit einem Neuschwanstein-Motiv. Die Auswahl ist groß und wird immer größer. Auf diesem Weg ist für die Arterhaltung des Uhrenkuckucks gesorgt, und was seine Reproduktion betrifft, ist es vor allem das Mitbringselgewerbe, das sich im eigenen Interesse dahingehend verdient macht.

Wie aber kommt es eigentlich, dass das Provinzialität ausstrahlende Produkt „Kuckucksuhr" zu einem so breiten Verkaufserfolg wurde? Wie erklären sich die weltweite Attraktivität und wie die globale Popularität dieser sympathischen Narretei? Antworten auf diese Fragen sind nicht ohne Auskünfte darüber möglich, wie und warum der Kuckuck, der regelmäßig aus der Uhr herausschaut, in diese überhaupt hineingekommen ist.

In der spärlichen Fachliteratur zum Thema „Kuckucksuhr" sucht man vergeblich nach plausiblen Erklärungen. Auch ornithologische Publikationen, die bei der Suche nach Antworten helfen könnten, verweigern einschlägige Auskünfte und Hinweise. Weder Uhren- noch Vogelexperten sind, das muss man annehmen, in der Lage, die Menschheit in dieser Angelegenheit klüger zu machen. Sie weisen darauf hin, dass Kuckucksweibchen ihre Eier in fremde Nester legen – von Uhren ist in diesem Zusammenhang keine Rede. Und sie klären Interessierte darüber auf, dass der Kuckuck im europäischen Winter in Richtung Afrika zieht – nicht aber in den Schwarzwald. Das Studium der ornithologischen Fachliteratur ist, was das Thema „Uhrenkuckuck" betrifft, enttäuschend, wenn nicht sogar niederschmetternd. Die Leute vom Fach können einem nicht sagen, wie der Kuckuck, von dem sie behaupten, dass der Nestbau nicht sein Ding sei, sich in der Uhr eingenistet hat. Selbst *Wikipedia*, das Medium für die schnellste Art, Bescheid zu wissen, verweigert Auskünfte zur Frage, was den Kuckuck in die Uhr hineingetrieben hat.

So frustrierend die Suche nach Informationen in dieser Hinsicht auch ist, die Ratlosigkeit der Experten hat den großen Vorteil, dass man sich durch deren informative Enthaltsamkeit dem Zwang ausgesetzt sieht, sich selbst ein paar Gedanken zu machen. Tut man es, landet man bei der ebenso naheliegenden wie verblüffenden Antwort: Der Kuckuck, den die wenigsten Zeitgenossen in Wald und Feld in ihrem Leben jemals zu Gesicht bekommen haben, transportiert in die Uhr und deren Zeitansage zurück, was einstmals aus ihr hinausgeworfen wurde, die Natur.

Mit der mechanischen Uhr verlor die Zeit im Rahmen der Zeitwahrnehmung, der Zeitmessung und beim Zeithandeln den Kontakt zur Natur. Zeit und Wetter, bis Ende des Mittelalters noch nicht unterschieden – und in romanischen Sprachen bis heute das gleiche Wort – wurden durch die mechanische Uhr zu zwei unterschiedlichen Phänomenen. Im Räderwerk der mechanischen Uhr war der Zeitansage die Natur abhanden gekommen – und den veruhrzeitlichten Menschen ebenso. Der Uhrenkuckuck jedoch bringt die Natur in die Zeit zurück, nicht wirklich, aber als Illusion. Der Uhrenkuckuck kompensiert den Naturverlust bei der Uhrzeit. Das verrät nicht die Fachliteratur, das verrät die Werbung für die „Original Schwarzwälder Kuckucksuhr": „Kauf dir eine Kuckucksuhr, dann hast du auch daheim Natur!" In der für die Exportförderung erstellten englisch-amerikanischen Fassung: „Take a cuckoo clock along, it will bring you nature's song."

Damit ist klar: Uhren, in die sich der Kuckuck eingenistet hat, haben in erster Linie nicht den Zweck, die Zeit zu messen, sie einzuteilen und zu kommunizieren. Wenn das von Kuckucksuhren denn überhaupt erwartet wird, dann allerhöchstens als Nebentätigkeit. Vornehmste und wichtigste Aufgabe der Kuckucksuhr ist die Pflege des Gemüts durch die Kompensation des verloren gegangenen Naturkontakts. Mit dem Kuckuck, den Blattornamenten, den Tannenzapf-Gewichten und den geschnitzten Waldtieren gelingt es der Kuckucksuhr, den Schein einer längst verloren gegangenen Harmonie von Mensch und Natur herzustellen.

Kuckucksuhren sind also Uhren fürs Seelenleben. Sie sind Gemütsuhren zur Steigerung privater Behaglichkeit. Wie Gartenzwerge auch sind sie Herzensangelegenheiten und daher für Mitmenschen, deren Gefühlsbarometer regelmäßiger Naturimpulse bedarf, hoch attraktiv. Der in der Uhr nistende

Kuckuck zählt zu jenen eher harmlosen Betrügereien, die sich der für Sentimentalität anfällige Teil der Menschheit zumutet, um sich das Leben unterhaltsamer, abwechslungsreicher und erträglicher zu gestalten.

Zuweilen auch hält eine Kuckucksuhr im Wohnzimmer Einzug, um den Lauf der Zeit durch eine originelle Zeitansage hörbar zu machen. Auch dabei geht es um die Befriedigung der Paradiessehnsucht nach einer Versöhnung von Technik und Natur, nach einer Harmonie von Naturzeit und Maschinenzeit und dem Einklang von Rhythmus und Takt. Gefühle der Geborgenheit und des Eingebettetseins spielen in diesem Zusammenhang eine nicht geringe Rolle. Wie diese Emotionen entstanden sind und so wirkmächtig wurden, dass sie der Kuckucksuhr ihren langandauernden Erfolg und ihre hohe Popularität sichern, dazu ein kleiner Ausflug in die Geschichte unseres Umgangs mit Zeit.

Sie existierte einmal, die Zeit, als die Zeit noch Zeit hatte und die Menschen in der Zeit nicht etwas sahen, von dem sie stets zu wenig hatten. Es waren Zeiten ohne Uhren. Man wusste nicht, was Zeitdruck ist, hörte keine Klagen über Zeitkonflikte und Zeitnöte, und keinem der uhrenlosen Menschen kam es in den Sinn, ein Gespräch mit der Begründung: „Tut mir leid, keine Zeit!“ abzubrechen. Historiker nennen diese Epoche „Vormoderne“. Deren Kennzeichen ist die enge Verbindung des Lebens und des Arbeitens mit periodischen Zeitverläufen, mit Rhythmen und mit Zyklen der Natur. Die Zeit hatte immerzu eine Qualität, die ihr das sich im Präsenzfeld der Gegenwart ereignende Geschehen verlieh. Zwischen Zeit und Natur, Zeit und Mensch bestand eine Einheit und kein Bruch, wie dieser sich später dann in den stets knappen Zeiten der Moderne durch die mechanischen Uhren und deren vertaktete Zeit auftat. Mit der Mechanisierung der Zeitmessung und der

Zeitanzeige ging eine De-Naturalisierung der Zeitwahrnehmung einher, eine Naturferne des Zeitempfindens. Je umfangreicher die Menschen ihr Alltagsleben am Gang der Uhrzeiger ausrichteten, desto größer wurden die Distanzen ihres Zeitlebens zu den Ereignissen und den Signalen der äußeren und der eigenen Zeitnatur.

Bevor die mechanischen Uhren die Zeit von ihrem Räderwerk herstellen ließen, waren die Rhythmen der Natur Richtgröße und Muster für alles das, was mit Zeitmessung, Zeitorientierung und Zeitordnung zu tun hatte. Herbst war es, wenn die Bäume ihre Blätter verloren, und der Lenz stand vor der Tür, wenn die Blüten des Huflattichs und der Schachbrettblumen das Kommen des Frühlings bekanntgaben. Das „Kikeriki" des morgenaktiven Hahns kündigte den neuen Tag an, der Flug der dämmerungsaktiven Fledermaus die hereinbrechende Nacht. In den markanten Revierlauten des Kuckucks erkannte man traditionell ein Botensignal des Frühjahrs. Man gab ihm daher den Ehrentitel „Herold des Frühlings". Obwohl der Kuckuck nicht zu den Singvögeln zählt, löst sein Ruf, den er oft wiederholt, bei den Menschen Frühlingsgefühle aus. Nicht zuletzt ist es dieser Effekt, dem er seinen Namen verdankt und der ihm darüber hinaus einen prominenten Platz in der Uhrengeschichte verschafft und, wie es aussieht, auch langfristig sichert.

Der Kuckuck, und so lautet dann auch die Antwort auf die Überschrift, ist in den Uhrenkasten geflogen, um der Natur und dem Rhythmus, die beide vom mechanischen Räderwerk aus der Zeitansage hinausgeworfen wurden, wieder einen Platz zu verschaffen. Aufgabe des Uhrenkuckucks ist es, die von den Menschen zum Zwecke umfassender Naturbeherrschung betriebene Trennung von Zeit und Natur wieder, zumindest zum Schein, rückgängig und somit erträglicher zu machen. Der Dachstübchen-Kuckuck verleiht der Zeit der mechanischen Uhr eine scheinbare Lebendigkeit, die diese, seitdem der Mensch mit der Räderuhr die Verbindung von Zeiterfahrung und Naturerfahrung gekappt hat, in Wahrheit gar nicht besitzt. Dem Kuckuck fällt in diesem Zusammenhang die Rolle des Illusionsvogels zu. Es ist vor allem die versöhnte Synthese aus Natur und Mechanik, aus Rationalität und Sentimentalität, die das sterbliche Naturwesen Mensch nötig hat, um seine nur auf Zeit angelegte Existenz ertragen zu können.

Nicht allzu überraschend ist es daher, dass der Kuckuck, vom guten alten Brehm zur „allgemeinsten Schonung" empfohlen, im Jahr 2008 zum „Vogel des Jahres" gekürt wurde. Sein Doppelleben als Naturwesen und als mechanisch hergestelltes akustisches Zeitsignal macht ihn, wie neben dem Hahn kein anderes gefiedertes Wesen, zu einer trefflichen Wahl für diesen Ehrentitel. Offensichtlich geworden ist damit aber auch, dass, wie man auch hätte vermuten können, es weder der gute Geschmack der Hersteller noch das Stilempfinden der Käufer ist, die den Kuckucksuhren ihre Attraktivität und ihre Verkaufserfolge sichern, sondern vor allem die Illusion eines harmonischen Miteinander von Takt und Rhythmus, von Maschine und Natur. Jenseits ihres Scheins ist die Kuckucksuhr in erster Linie „vertaktetes Biedermeier".

Alles klar? Na ja, nicht ganz. Noch wissen wir nicht, warum es gerade der Kuckuck ist, der zum Hauptdarsteller und zur Attraktion der Schwarzwälder Uhr wurde und nicht der in Zeitangelegenheiten mit älteren Anrechten ausgestattete krähende Hahn. Auch der klopfende Specht oder der röhrende Hirsch wären durchaus geeignete Alternativen für die den Naturbezug simulierenden Zeitsignale der Schwarzwalduhr. Chancen, den Kuckuck zu ersetzen, könnte man ebenso einem im Takt grunzenden Schwein zutrauen, oder – was liegt eigentlich näher? – einem stündlich zur Ordnung bellenden Deutschen Schäferhund. Warum also gerade der Kuckuck? Warum dieser taubengroße graue Vogel, dessen Ruf zu seinem lautmalerischen Namen wurde? Warum ein Brutparasit, der die Arbeit der Nachkommenpflege anderen aufhalst, der seinen Nachwuchs vernachlässigt und sich nicht um dessen Aufzucht kümmert? Ein wenig irritierend ist es schon, dass gerade dieser nicht allzu tugendhafte Vogel zu solcher Prominenz gelangen konnte. Zumal er auch noch bei Zeitgenossen, die mit dem Gerichtsvollzieher zu tun haben, nicht allzu beliebt ist. Alles in allem ist die Frage daher berechtigt: War der Kuckuck wirklich die richtige Wahl, um der Zeit eine geeignete Stimme zu geben? Warum der Kuckuck, von dem der *Thierleben*-Brehm schreibt, dass er „zierlich und schnell fliegt, viel schreit und ungemein gefräßig ist"? Die Antwort ist wenig romantisch und hat weder mit dem lebendigen Vogel noch mit Gottes unerfindlichem Ratschluss etwas zu tun.

Die Frage, einem erfahrenen älteren Uhrmacher aus dem Schwarzwald gestellt, hat eine eindeutige Antwort: Der Kuckuck ist nun mal der am besten geeignete Uhrenvogel. Warum? Die Erklärung ist desillusionierend und irgendwie auch lapidar: „Das mit dem Kuckuck und der Kuckucksuhr", so die fachmännische Auskunft, „ist ganz einfach. Der Kuckuck hat einen schönen Ruf und dieser ist, ähnlich wie das die Uhrzeit akustisch begleitende ‚Bimbam'-Schlagwerk der Uhr, relativ leicht nachzumachen und herzustellen." Das „Kikeriki" des Hahns besteht aus vier Tönen, der Ruf des Kuckucks hingegen nur aus zwei. Die technische Imitation des Kuckucksrufs ist einfach, einfacher als das Krähen eines Hahnes. Es handelt sich bei ihr um eine simple Zweitonmusik, die musikalisch bescheidene Gemüter auch gerne als Klingelton für ihre Handys verwenden. Flötenspieler wissen, mit den Tönen Fis und D der mittleren Oktave lässt sich der Kuckucksruf täuschend echt nachahmen.

Damit wäre, ohne zuvor eine Menge vogelfachlicher Kongresse besucht und einschlägige Symposien veranstaltet zu haben, zumindest eine der hier aufgeworfenen Fragen geklärt. Andere hingegen bleiben weiter ohne Antwort. Eine davon lautet: Was will uns der Kuckuck eigentlich sagen? Will er uns durch die Koppelung mit dem Uhrwerk, quasi als Glockenersatz, die Uhrzeit mitteilen, oder, das wäre sehr hintersinnig, weist er uns darauf hin, dass man auf die mechanisch hergestellte Zeit pfeifen kann? Was sich die einfallsreichen Uhrmacher aus dem Schwarzwald gedacht haben, wissen wir nicht. Wir wissen nicht einmal, ob es vielleicht ganz gut ist, es nicht zu wissen. Das aber „weiß der Kuckuck!"

Möglicherweise ist genau dies ja der Grund für Goethes großes Interesse am Kuckuck, das er Eckermann am 8. Oktober 1827 gelegentlich einer ländlichen Mittagsrast verriet: „Alles was ich über den Kuckuck gehört habe, gibt mir für diesen merkwürdigen Vogel ein großes Interesse. Er ist eine höchst problematische Natur, ein offenbares Geheimnis, das aber nichtsdestoweniger schwer zu lösen, weil es offenbar ist […] Wir stecken in lauter Wundern, und das Letzte und Beste der Dinge ist uns verschlossen …"

Teil III
Am Punkt

„Komm wann du willst – aber bitte pünktlich!“

„Jede Tugend, jedes Laster hat seine Zeit und kommt einmal aus der Mode.“ Eine Wahrheit, die Diderot seinem Fatalisten Jacques in den Mund legt. Nicht weniger wahr ist jedoch auch, dass Tugenden und Laster mit der Zeit nicht nur spurlos verschwinden, sondern durch andere, neue ersetzt werden. Die Rede ist von der Selbst- und Fremdverpflichtungstugend zur unbedingten Pünktlichkeit. Sie zählt zu den folgenschwersten und folgenreichsten sozialen Praktiken der Uhrzeitgesellschaft und ist eine Tugend, die im Gefolge des Attraktivitätsverlustes der Uhr und deren Zeit gegen Ende des 20. Jahrhunderts erste Anzeichen eines sich immer stärker dramatisierenden Schwächeanfalls zeigt.

Die Zahl der Zeitgenossen, die ihr die frag- und distanzlose Folgebereitschaft verweigern, nimmt seitdem stetig zu. Und das liegt nicht zuletzt daran, dass annähernd alles, was wir über Zeit denken und was wir mit ihr machen, von der Uhr und ihrer Zeitlogik beeinflusst, gefärbt und geprägt ist. Dazu gehört auch jene Zeitpraxis, der der Name „Pünktlichkeit“ verliehen wurde. Wie mit dem Auto der Autounfall und der Verkehrsstau erfunden wurden, so wurde mit der Uhr die Verspätung erfunden. Pünktlichkeit und Unpünktlichkeit gehören zur Uhr wie die Verspätung zum deutschen Zugverkehr. Die Griechen und die Römer, die Ägypter und die Babylonier, sie alle besaßen keine mechanischen Uhren und kannten daher auch nicht den moralisch aufgeladenen Vorwurf der Unpünktlichkeit. Sie alle hatten ihre Zeitgötter, verehrten und fürchteten diese und waren überzeugt, dass diejenigen, die schneller als das Leben sein wollten, Probleme mit der Wirklichkeit, Schwierigkeiten mit ihren Mitmenschen, ihrer Wahrnehmung und der Realitätseinsicht bekommen.

Die Uhr ist es also, die die Menschen pünktlich und/oder unpünktlich macht. Sie fungiert dabei als Mohrrübe, die die Eselin der Pünktlichkeit auf Trab hält, und weil der Chronometer seine Funktion als Ab- und Vorbild für die Zeitorganisation und für das Zeithandeln in einer zunehmend digitalisierten Welt mehr und mehr einbüßt, verliert auch der Zwang zur Pünktlichkeit, der eng mit den Zeitpraxen der Industriegesellschaft des 19. Jahrhunderts verbunden ist, an Bedeutung und an Tugendhaftigkeit.

Erfindung des pünktlichen Menschen

Den pünktlichen Menschen gab es, wie den unpünktlichen auch, nicht schon immer. Erst im Gefolge der mechanischen Uhren betrat er am Ende des Mittelalters die Bühne der Zeitgeschichte. Mit der Installation und der Verbreitung öffentlicher Uhren an den Türmen mitteleuropäischer Handelsstädte wurde ein einsehbares Zeitraster eingeführt, das die Obrigkeit nutzte, um Ordnung zu machen. Nicht länger entschied der Sonnenstand, wann die Stadttore geschlossen und geöffnet wurden, sondern die Zeigerstellung. Termine wurden von da an mit Blick auf die Uhr gemacht und Verabredungen nach Zeitpunkten und nicht mehr nach der Länge des Schattenwurfs getroffen. Zur gleichen Zeit expandierte die Handelstätigkeit, aus Kaufleuten wurden Fernhandelskaufleute.

Die Erweiterung der Handelswege verlangte einen stärker kalkulatorischen und planenden Umgang mit Zeit und eine rationale Zeitverwaltung. In diesem Kontext wird die Uhr zu einem unentbehrlichen Instrument für die Aufgaben der Obrigkeit und für die Tätigkeiten und Aufgaben der Kaufleute und Geldverleiher. Mit der Uhr halten dann auch die Beschleunigung, das Zeitsparen und die Termintreue Einzug in das

Zeitleben jener Zeitepoche, der man im Rückblick den Namen „Neuzeit“ verlieh. Den Mitgliedern vormoderner Gesellschaften, die das Zeitempfinden, das wir „Stress“ nennen, noch nicht kannten, war die uns heute in Fleisch und Blut eingegangene Anforderung, Zeit stets zu nutzen, sie wo immer zu sparen und mit Geldgewinnen und Geldverlusten in einen engen Bezug zu setzen, völlig unverständlich. Der Mensch des Mittelalters wusste nicht, was es heißt, Zeit zu „gewinnen“, zu „sparen“, zu „verlieren“ oder sie „gestohlen zu bekommen“. Auch hatte er nicht die geringste Ahnung, wie so etwas hätte gehen sollen.

Erst mit dem Auftauchen von Uhren im öffentlichen Raum und der kurze Zeit später erfolgten Erfindung des Buchdrucks kann, im doppelten Sinne, „Zeit-Druck“ gemacht werden. Nicht nur in den Handelshäusern, sondern auch in den größeren Werkstätten kam man auf die Idee, die in Uhrzeit gemessene Arbeitszeit mit Geld aufzuwiegen und das Zeithandeln der Arbeitskräfte dahingehend zu disziplinieren. Dazu zählte die Verpünktlichung der Mitmenschen. In Florenz, das ist der Ort, von dem das moderne Zeitdenken ausging und in alle Welt verbreitet wurde, hat man bereits gegen Ende des 14. Jahrhunderts von den in Werkstätten Arbeitenden ein uhrzeitgerechtes Zeithandeln verlangt. Durch die Verbreitung des Zeit-ist-Geld-Denkens stieg der Stellenwert und wuchs das Ansehen des Arbeitsfleißes und des aktiv vorausschauenden Zukunftshandelns. Das führte dann auch zur Erfindung des fleißigen und des pünktlichen Menschen – während es den faulen und den unpünktlichen Zeitgenossen immer schon gab. Nur genannt wurde er bis dahin nicht so.

Als dann 1602, auch das ein Zeichen und ein Signal des zwischenzeitlich populär gewordenen „Zeit-ist-Geld“-Denkens, in Amsterdam die erste Börse ihre Tore aufmachte, traten die Menschen endgültig in das Zeitalter der Herstellbarkeit von

Zeit, Schnelligkeit und Pünktlichkeit ein. Von da an entschieden der Mensch, die Uhr und das Geld über die Zeit, über deren Verwendung und über deren Ordnung. Zumindest hat und pflegt der Mensch diese Illusion und verhält sich ihr entsprechend.

Die im Laufe der Jahrhunderte immer genauer gehenden Uhren, deren abstrakte, künstlich geschaffenen Zeitmaße Stunde, Minute und Sekunde und ihre stets kleinteiliger werdende Zeitmessung veränderten die Denkgewohnheiten der Menschen im Hinblick auf das zeitliche Geschehen. Immer moderner geworden entwickelten diese eine wachsende und sich ausbreitende Leidenschaft fürs Messen, Kalkulieren, Aufteilen und Gliedern und für ein Zeithandeln, das dem Uhrzeiger-Verlaufsprinzip des „Eins-nach-dem-anderen" gehorcht. War es dem vormodernen Zeitgenossen noch wichtig, ob es hell oder dunkel ist, zielt das Interesse des modernen Menschen darauf zu wissen, ob es sechs oder sieben Uhr ist. Wollten Reisende im Mittelalter in Erfahrung bringen, wie sie möglichst schadlos von Innsbruck nach Bozen kommen, richtete sich das Interesse der Uhrzeitmenschen auf die Zeit, die sie dafür benötigen, und auf die Höhe der Berge, die sie rechts und links des Weges passieren müssen, obgleich Letzteres für die Reise, wenn sie die Berge nicht besteigen müssen, eigentlich völlig belanglos ist. Verabredungen wurden in früheren Zeiten vornehmlich an Ereignisse, meist Naturverläufe oder Himmelsereignisse wie den Sonnenstand oder die „Schattenlänge" geknüpft. Erst zu Beginn des 19. Jahrhunderts begann man mit der Uhr Termine zu vereinbaren, deren Toleranzspielräume entschieden, ob man zu einem pünktlichen oder unpünktlichen Mensch gemacht wurde.

Eine sehr kurze Geschichte der Pünktlichkeit

Auch als noch kein Mensch wusste, was Pünktlichkeit ist, und noch niemand ermahnt wurde, pünktlich zu sein, traf man Verabredungen und arrangierte gemeinsame Treffen, bei denen von den Beteiligten erwartet wurde, dass sie sich an die zeitlichen Vereinbarungen hielten. Doch die Pünktlichkeit jener Zeit unterschied sich gravierend von der, die nach dem Siegeszug der mechanischen Uhr erwartet und verlangt wurde. Erst die Uhr und ihre Zeitanzeige per Zeiger boten die Gelegenheit, die Zeit in eine Abfolge von Zeitpunkten zu zerlegen und Zeitpunkt-Pünktlichkeit zu ermöglichen. Mit der Uhr, die das Präsenzfeld der Gegenwart zu einem Punkt schrumpfen ließ, wurde der Zeitpunkt erfunden.

Als man weder mechanische Uhren noch Ziffernblätter kannte, waren Vereinbarungen keine Zeitpunkt-, sondern stets Zeitraum-Vereinbarungen. So etwa kannte Herodot, der den Ehrentitel „Vater der Geschichte“ trägt, den Begriff und damit auch das Zeitmaß „Stunde“ noch nicht. Cäsar organisierte, Lateinschülern ist das geläufig, seine Soldaten nach Nachtwachen, nicht nach Uhrzeiten. Und die Germanen, die hin und wieder seine Wege kreuzten, rechneten zu Cäsars Zeiten nach Tagen und verabredeten sich auch nach Tagen. Und als dann am Ende des Mittelalters die ersten mechanischen Uhren an den Türmen auftauchten, hatten sie nur einen Zeiger, den für die Stundenanzeige. Minuten- und sekundengenau konnten die Uhren erst im 18. Jahrhundert gehen. Seitdem verabredet man sich in Mitteleuropa nach Zeitpunkten, für die man später dann auch den Begriff des „Termins“ verwendete, und immer seltener wurden für Treffen Zeiträume vereinbart. Auf diesem Weg ist die Zeit immer enger und kleiner gemacht worden. Erst die schlank und abstrakt gemachte Zeit eignete sich zu jener Zeitpunkt-Verpünktlichung der Menschen, die dann zum großen Erziehungsprogramm der Industriegesellschaft wurde. Heute nun sieht man in Zeitraumvereinbarungen nicht mehr nur schlampige Terminabsprachen, heute schätzt man deren Vorteile und nennt sie „Flexibilität".

Bis in die Gegenwart kennen wir die zeitraumorientierte Zeitorganisation vor allem aus landwirtschaftlich geprägten Gebieten dieser Welt. So zum Beispiel aus Sri Lanka, wo man sich – wie mir mein von dort kommender Physiotherapeut erzählt – in einer zeitelastischen Form verabredet: „Abgemacht! Wir treffen uns um sieben und wenn ich bis acht Uhr nicht da bin, dann warte doch bitte bis neun und geh, wenn ich immer noch nicht da bin, um zehn Uhr nach Hause." Auch Uhrzeiten, das zeigt dieses Beispiel, lassen Vereinbarungen im Zeitraummodus zu.

Griechen und Römer haben aus naheliegenden Gründen sich nicht auf Uhrzeiten hin verabredet. Machten sie gemeinsame Treffen aus, dann in erster Linie orientiert am Sonnenstand und der Schattenlänge, die sie zur Zeitkoordination nutzten. Das kannte man zwar auch nördlich des Alpenhauptkamms, nur klappte es dort nicht so gut. Nicht weil man dort bessere Alternativen hatte, sondern weil sich die Sonne in diesen Regionen weniger häufig am Himmel zeigte und als Zeitkoordinatorin daher seltener zur Verfügung stand. Mit oder ohne Sonne, legt man die heute für Pünktlichkeit geltenden Maßstäbe an, nahm man es früher und in ländlichen Gebieten nicht allzu genau mit dem Einhalten von Verabredungen. Die rhythmisch lebenden Menschen kamen gut mit einem Zeitzustand zurecht, den man aus heutiger Sicht mit „maßvoller Unpünktlichkeit" beschreiben könnte. Sie hielten sich auf diese Weise jene Probleme vom Hals, die der rundum modernisierte Mensch mit seiner eigenen Unpünktlichkeit und der seiner sozialen Mitwelt hat. Man musste sich weniger oft beeilen, hat sich seltener unbeliebt gemacht, geriet nicht so häufig in Verruf, ein unpünktlicher und unzuverlässiger Zeitgenosse zu sein, und musste auch nicht befürchten, wie das heute üblich ist, wenn man sich verspätet, „Zeitdieb“ oder „Zeiträuber“ genannt zu werden.

Mitgliedern von agrarisch strukturierten Gesellschaften ist jene Zeitpunkt-Pünktlichkeit wie sie in Just-in-Time-Umgebungen von Mitmenschen erwartet wird, weitestgehend unbekannt. Die Natur, mit der sie ja vor allem zu tun haben, ist nicht pünktlich und kommt nicht zu spät.

Trost für alle Verspäteten liefert Robert Walser.

„Zu Deinem berühmten ‚Zu spät‘ möchte ich mir erlauben zu bemerken, dass es von Natur wegen nie zu spät ist, Vernunft, Güte, einige Liebe usw. an den Tag zu legen, Elemente, die in und an sich sind, was sie sind und sich nicht um irgendwelchen Ansehen willen manifestieren. Ändere ich mich beispielsweise, so tu ich das nicht um der Gesellschaft willen, sondern durchaus nur mir selber zu lieb, denn in der Änderung liegt ja für mich eine Freude, und gegenüber der Freude, die ich mir dadurch bereite, dass ich mich bildend bewege, sinkt jenes ‚Zu spät‘ in eine absolute Wirkungslosigkeit hinab, ich meine damit, dass es sinnlos ist, mir zu sagen, es sei zu spät, wenn ich in diesem unglücklichen Zustand des Zuspätgekommenseins mich so und so oft verstanden habe, glücklich zu machen, worauf es ja, wie wir alle genau wissen, einzig und allein ankommt.“

(R. Walser: Brief an einen Entwickelten. 1926)

Diese Tatsache prägt und bestimmt auch das Zeitverhalten derer, die mit ihr zu tun haben. Nehmen wir als Beispiel die

Apfelblüte: Mal blühen die Apfelbäume bereits Ende April, mal dauert es bis in den Mai. Mal beginnt die Apfelernte Anfang August, ein andermal einen Monat später. Ein exakter Zeitpunkt lässt sich beim besten Willen nicht festlegen. Wer es mit landwirtschaftlichen Produkten und Abläufen zu tun hat, muss in Zeiträumen, in Rhythmen und Zyklen denken und handeln, nicht in Zeittakten und nicht in Zeitpunkten. Dem folgen auch annähernd alle sozialen Gemeinschaften, die sich in ihrer alltäglichen Existenz nicht allzu weit von ihrer triebhaften inneren und der äußeren Natur entfernt haben. Daher überrascht und verwirrt es den aus dem Norden angereisten Italientouristen, wenn er, wie der Autor es in Syracus amüsiert zur Kenntnis nahm, am Eingang des Museums den Hinweis zu lesen bekommt, dass es seine Pforten bei Einbruch der Dunkelheit schließt: „Flexible Pünktlichkeit" – sie ist heute wieder gefragt.

Brauchbare und pflichttreue Untertanen

Auf diesem hier grob skizzierten Weg wurde, nicht zuletzt weil das Geld die Zeit und die auf Zeit existierenden Menschen vor sich hertreibt, der Zeitdruck zu einem erstrebenswerten und zu einem geachteten Zustand. Die Eile wurde zur „heiligen" Pflicht, die Pünktlichkeit zu einer tugendhaften Verhaltensweise. In Erziehungsmaßnahmen zur zeitbewussten Lebensführung, zu der auch die Pünktlichmachung gehörte, sah man einen wichtigen Schritt hin zur Entwicklung und zur Verbesserung einer auf die Mehrung des Güterwohlstands ausgerichteten Lebensführung. Von einer durchgetakteten Lebenswelt erhofften und versprachen sich die modernisierten Menschen gesellschaftlichen Erfolg und individuelle Karriere. Das alles fand breite Unterstützung bei den Religionsgemeinschaften, zuvörderst bei den protestantischen Kirchen. Für Reformatoren und Protestanten, deren Gott die fleißigen, die sparsamen und die pünktlichen Kirchenmitglieder mehr liebt als die, die mit Sparsamkeit und Pünktlichkeit wenig anfangen können, reimt sich bekanntlich Leben auf Streben.

Damit keine Missverständnisse aufkommen: Die wahrlich große und aufwändige Anstrengung, das Zeitverhalten der Menschen uhrzeitkompatibel und pünktlich zu machen, war zu keiner Zeit darauf ausgerichtet, aus Untertanen zeitsouveräne oder mündige Bürger und Bürgerinnen zu machen. Umfang und Aufwand der Erziehungsmaßnahmen hatten vor allem den Zweck, für eine auf Arbeit, vor allem auf Industriearbeit ausgerichtete Gesellschaft brauchbare und pflichttreue Untertanen bereitzustellen. Die arbeitsteilige Organisation des Fabrikbetriebes und die Abläufe der Fertigung verlangten die enge zeitliche Abstimmung einer großen Zahl von Arbeitskräften, vor allem verlangte sie deren koordinierten, sprich: pünktlichen Arbeitsbeginn. Arbeiter hatten, um einen reibungslosen Betrieb in der Fabrik sicherzustellen, wie Maschinen zu funktionieren. Konkret: Sie sollten so pünktlich sein, wie die Eisenbahn das niemals war.

Unpünktlichkeit galt als fortschrittshemmender und wirtschaftsschädigender menschlicher Makel. Jene, die das Gebot der Pünktlichkeit verletzten, wurden mit der spürbarsten Sanktion, dem Ausschluss aus der Gemeinschaft der Vernünftigen und Verlässlichen bestraft. Das hat auch der große Aufklärer Immanuel Kant nicht viel anders gesehen und Erziehungsmaßnahmen zur Verpünktlichung junger Menschen gefordert: „So schickt man Kinder Anfangs in die Schule, nicht schon mit der Absicht, damit sie dort etwas lernen sollen, sondern damit sie sich daran gewöhnen mögen, still zu sitzen und pünktlich das zu beobachten, was ihnen vorgeschrieben wird …“ In die gleiche Kerbe schlägt Gotthold Ephraim Lessing: „Bester Beweis einer guten Erziehung ist die Pünktlichkeit." Selbst Kant und Lessing singen im Chor derer mit, die in der Schule jene Institution sehen, in der junge Menschen erzogen werden, um freiwillig zu tun, was die Erwachsenen von ihnen verlangen. Und so übernimmt die Pflichtschule bis heute die Aufgabe, den gewissenhaften und zuverlässigen, das heißt, den wie die Maschine Uhr funktionierenden, verpünktlichten Menschen herzustellen. Erreicht war dieses Ziel, wenn das Zeithandeln mit dem Maschinentakt in Einklang stand und die mit Zuckerbrot und Peitsche Dressierten die Fesseln „Uhr" und „Pünktlichkeit" für Flügel hielten.

Erzieherische Zurichtung hat es auch gebraucht, weil die Tugendmachung pünktlichen Verhaltens mit einer dem Menschen nicht angeborenen Unterwürfigkeit gegenüber der Taktmaschine Uhr einhergeht. Jede Tugend nämlich, darauf weist der stets um seine Souveränität besorgte und hin und wieder undisziplinierte Goethe seine Leser hin, übt Gewalt aus. Das gilt auch für die Tugend der Pünktlichkeit. So ist es kein Wunder, dass die in der Schule auf die Verpünktlichung zielende „Mikro-Justiz der Zeit" (Foucault) bei ehemaligen Schülern und Schülerinnen im gleichen ungeliebten Erinnerungsordner abgelegt ist, wie das Nachsitzen, die Strafarbeiten und das Eckenstehen.

Die schulische Erziehung zur Pünktlichkeit ist jedoch nicht allzu nachhaltig. Deshalb müssen „die strengsten Regeln einer schulgerechten pünctlichkeit" (Kant) dem „krummen Holz Mensch aus dem nichts Gerades gezimmert werden kann" (Kant) ein Leben lang anerzogen und aufoktroyiert werden. Das ist der Grund, warum dann im Erwachsenenalter in regelmäßigen Abständen ein Pünktlichkeits-Update in einem Auffrischungskurs notwendig wird.

Aus Sicht derer, die der Pünktlichkeit den Charakter einer Moral zuschreiben, ist die menschliche Zeitnatur eine aufsässige Rebellin, die sich der Uhr und deren Zeitsignalen widersetzt. Daher taucht die Zurichtung zur Pünktlichkeit auch im Programm des „lebenslangen Lernens" auf. Die moderne Gesellschaft hat diese erzieherische Aufgabe dem Zeitmanagement übertragen. Dieses wird nachgefragt, weil sich die menschliche Zeitnatur trotz jahrelanger schulischer Pünktlichkeitsdressur gegen die Diktate der Uhrzeit und deren Zeitmuster Takt zur Wehr setzt. Es gibt keine gewaltlose Harmonie zwischen menschlicher Rhythmizität auf der einen Seite und den von Pünktlichkeitsimperativen der Uhrzeit auf der anderen.

Uhrzeitkonformes Handeln, und dazu zählt die Pünktlichkeit, ist und bleibt eine lebenslang existierende menschliche Teilleistungsschwäche. Alles Bemühen, die Pünktlichkeit zu einem von innen gesteuerten, zu einem eigenmotivierten Verhalten zu machen, ist immer von Scheitern bedroht. Potentielle Unpünktlichkeit ist und bleibt daher eine andauernde Problemzone des Zeithandelns. Der Mensch macht Tag für Tag die Erfahrung, dass seine Zeitnatur Unpünktlichkeit belohnt und eher fürs Bummeln, Trödeln, Zaudern und mehr für die Weile als für die Eile geschaffen ist. Zur biologischen Ausstattung des Menschen gehört es nun mal, dass er hin und wieder verschläft und immer mal wieder etwas verpasst. „Verschlafen" ist, ebenso wie das „Verspäten", etwas völlig „Natürliches". Das Zuspätkommen ist weder eine „Schwäche" noch ist es eine Böswilligkeit, wozu es häufig erklärt und gemacht wird. Viel häufiger handelt es sich dabei um den Widerstand zeitsouveräner Subjekte gegen die diktatorische Uhr und deren situationsignorante Zeitansage.

Die Nachbarn der Deutschen unterstellen diesen, nicht ganz ohne Grund, sie wären selbst zu jenen Gelegenheiten pünktlich, zu denen es sich überhaupt nicht lohnt. Das ist eines jener Klischees, gegen die man sich als Betroffener so lange wehrt, bis man merkt, dass es stimmt. Mit zu den Vorurteilen gehört auch die Neigung der Deutschen, für Verabredungen, das gilt für Abmachungen mit privaten Freunden genauso wie für die mit Geschäftspartnern, Termine festzulegen. Eine Eigenart, die jenseits der Landesgrenzen regelmäßig Kopfschütteln hervorruft. Sich einfach so zu treffen, ganz ohne Zeitmanagement, so etwas ist in Gebieten, in denen Deutsch gesprochen wird, eher die Ausnahme. Da ist es denn auch keine Überraschung, dass die Deutschen, führend beim Hüten und Verteidigen der Pünktlichkeitsmoral, weltweit Spitzenreiter bei der Herstellung von Weckern sind. Dazu eine kleine Exkursion:

Wecker

Zeitdiktatorische Alarmgeräte, die in den menschlichen Wach-Schlaf-Rhythmus eingreifen, haben den industriellen Fortschritt und die fortschreitende Industrialisierung in Deutschland begleitet wie die Möwe den Fischkutter. Sie tun das selbst noch heute, in einer Gesellschaft, die sich nicht ohne Stolz in eine digitalisierte verwandelt. Wecker sind Instrumente, häufig peinigende Instrumente der individuellen Unsicherheitsvermeidung. Aus diesem Grund sind sie vor allem bei jenen Zeitgenossen beliebt, die sich in regelarmen, zeitlich unverplanten Situationen ängstigen. Ihre wichtigste Aufgabe ist es nicht, die Zeit zu messen. Ihre Bestimmung besteht in erster Linie darin, Schlafende und das sind immer potentielle „Verschlafende", durch hörbare Signale zu erschrecken, um sie auf Trab zu bringen.

Wecker, die Lieblingsgeräte des sich selbst optimierenden und selbst kontrollierenden Zeitgenossen, beenden jeden Traum. Waren es ehemals schrille Töne, durch die sich Schlafende in nicht selten brutaler Art und Weise aus dem Bett jagen ließen, so ist dem Weckvorgang inzwischen der Schrecken etwas abhandengekommen. Den Platz tickender, traumzerstörender Wecker auf den Nachttischen der Nation haben heute Smartphones oder sensorgesteuerte Funkwecker mit smarten Weck-Apps eingenommen, die ein Naturtöne simulierendes Aufwecken in Gang setzen und begleiten, wahlweise mit nachgemachtem Vogelgezwitscher oder Meeresrauschen. Wie auch immer, durch schrilles Klingeln, Rasseln oder Piepsen aus dem Schlaf gerissen oder durch den Gesang der Mönchsgrasmücke sanft geweckt, eine Mehrheit der Aufgeschreckten würde, im Zustand ihrer akuten Verwirrtheit befragt, der Aussage zustimmen, dass die besten Wecker die defekten Wecker sind. Und trotzdem: 85 Prozent der Deutschen nutzen einen Wecker zum Aufstehen. Eine Zahl, die den Schluss nahelegt, dass das mit der Gleitzeit und der zeitlichen Flexibilität von vielen noch nicht so recht verstanden wurde.

Die Uhr besetzt beim Programm der Pünktlichkeitsmachung die Position der wegweisenden und kontrollierenden Zeitherrschaft. Die Verpünktlichung der Menschen macht sie zu den wichtigsten und wirkmächtigsten Instrumenten der „Menschenregierungskünste“ (Foucault). Trotz hohen Aufwandes, trotz größter Anstrengungen, heute wissen wir: Das Großprojekt der Moderne, den Menschen so berechenbar und pünktlich wie ein Uhrwerk zu machen, muss als gescheitert betrachtet werden. „Auf der Höhe der Zeit sein" heißt heute, am Ende der Industriegesellschaft, nicht mehr immer und überall pünktlich sein. Der digital gehetzte spätmoderne Zeitgenosse ist nicht pünktlich wie die Uhr, sondern so flexibel wie der Zugverkehr. Denn hat man heute mit Fahrplänen zu tun, ist Pünktlichkeit nicht immer die beste Verhaltensoption.

Das hat sich inzwischen herumgesprochen. Eine Mehrheit der Nutzer öffentlicher Verkehrsmittel – von 90 Prozent spricht das Ergebnis einer Befragung – schaut vor Antritt einer Bahnreise nicht mehr in den Fahrplan. Mitglieder von Kommissionen und Gremien, die aus unterschiedlichen Richtungen mit dem Zug oder dem Flugzeug zu ihren Treffen anreisen, stellen sich auf die Unpünktlichkeit der Verkehrsmittel ein und fangen aus diesem Grund ihre Sitzungen, wie sie es kommunizieren, „mit leichter Verspätung" an. Es ist dies ein Angebot der Elastizität, das Hektik und Zeitdruck zu reduzieren vermag, da es auf Realität reagiert. Die Welt, das ist kein Grund zur Aufregung, ist nun mal voller Verspätungen und täglich werden es mehr – warum also eilen?

„Pünktlichkeit": eine Bestimmung

Sprechen wir von „Pünktlichkeit", dann meinen wir gewöhnlich eine auf Uhrzeit hin ausgerichtete sozial-moralische Gehorsamskultur, die den Menschen und sein Zeithandeln kalkulierbar macht. Gegen Ende des 17. Jahrhunderts erst bekam sie diese Bedeutung. Vor dieser Zeit nannte man eine Person dann „pünktlich", wenn sie sich erwartungskonform verhielt. Später „schrumpfte" das mit „Pünktlichkeit" bezeichnete gute Benehmen auf den Spezialfall des Einhaltens bzw. der Erfüllung einer zeitlichen Verabredung. Als äußerst erfolgreiche Lehrerin in Sachen Pünktlichkeit hat sich vor allem die

Verfahrplanung des Zugverkehrs, die erstmalig 1840 erfolgte, hervorgetan. Die Eisenbahn hat der Zeit nicht nur eine neue Schnelligkeit gegeben, sie hat sich auch, in enger Kooperation mit dem Fahrplan, als Fachlehrerin für Vertaktung und Pünktlichkeit hervorgetan.

Es sind Zeigerverläufe und Zeigerstellungen, die über die Differenz pünktlich/unpünktlich entscheiden, und zugleich über regelkonformes oder regelwidriges Zeithandeln. Das ist dann auch der Grund, warum Termintreue und Uhrzeitgehorsam, die wir „Pünktlichkeit" nennen, vor allem in jenen Gesellschaften eine wichtige Rolle spielen, in denen die Uhr das Zeithandeln des Alltags ordnet und prägt. Die Pünktlichkeitserwartung entstammt der Zeitwelt einer mit der Uhr groß gewordenen abendländischen Gesellschaft, die Kosmos und Natur entzaubert hat und die die Mühe und den Aufwand, sich selbst um die Zeitgestaltung und die Zeitordnung zu kümmern, zu einer Botschaft der Befreiung er- und verklärt hat. Darin auch eine Zumutung zu sehen, zu verstehen und zu erleben, haben die Menschen, allen voran die Bewohner Mitteleuropas und Nordamerikas, weitestgehend verlernt. Zu den Sprachgewaltigsten derer, die sich den kritischen Blick auf den entwürdigenden Dressurakt der Verpünktlichung erhalten haben, gehört der Feuilletonist Joseph Roth. In der *Neuen Berliner Zeitung* schreibt er 1923: „Pünktlichkeit ist keine freie Willensfunktion sondern eine Erfindung Friedrich Wilhelm I. Nur für jene verwendbar, deren Organismus strammheitsepochal veranlagt ist." Pünktlichkeit, nichts anderes meint Joseph Roth, ist eine Untertanentugend, die aus einer Zeit stammt, in der die Herrschenden bis ins kleinste Detail über die Zeitordnung entschieden und von ihrem Volk absolute Folgebereitschaft verlangten. Dazu erfanden die Mächtigen im Lande, die auch die Uhren stellten, die Sozialfigur des Pünktlichen und die des normverletzenden unpünktlichen Bürgers.

Pünktlichkeit ist also keine Eigenschaft, die die Natur dem von Linné schmeichelhaft *Homo sapiens* genannten Menschen von Geburt an mitgegeben hat. Der *Homo sapiens* besitzt kein Pünktlichkeits-Gen. Pünktlichkeit gehört zu dem von aufrecht gehenden Wesen zur Pflicht gemachten Kampf gegen die eigene innere triebhafte Natur – diskriminiert als „Innerer Schweinehund". Um diesem Kampf zu Erfolgen zu verhelfen, wurden in privaten Umgebungen und im öffentlichen Raum Uhren angeschafft und installiert, deren Zeigerverlauf man zu einem verpflichtenden Vorbild fürs Zeithandeln machte. Pünktlichkeit wird auf diesem Weg zu einer Sache der ordnenden Vernunft, Unpünktlichkeit zu einem Makel der biologischen Zeitnatur.

Der Mensch wird unpünktlich geboren und er stirbt auch nicht pünktlich. In dem gemeinhin als „Leben" bezeichneten Übergang zwischen Geburt und Tod, in dem alles, worauf es ankommt, geschieht, bemüht er sich, seitdem Uhren die Welt bereichern, mal freiwillig, mal gezwungen, um pünktliches Verhalten. Nirgends jedoch steht geschrieben, der Mensch wäre auf dieser Welt, um pünktlich zu sein, und zu keiner Zeit wurde, zumindest nicht auf demokratische Art und Weise, entschieden, dass er pünktlich zu sein hat. Doch auf der von Subjekt zu Subjekt verschieden langen Strecke zwischen dem „Geburt" genannten Eintrag ins Gästebuch der Zeit und der Löschung des Eintrags durch den Tod wird der *Homo sapiens*, weil es einflussreiche Personen so gewollt haben, pünktlich gemacht. Die Pünktlichkeit wird ihm als zur Tugend verklärte soziale Praktik „aufgeherrscht". Die Natur kann dabei das Vorbild nicht sein. Sie kennt weder Pünktlichkeit noch Unpünktlichkeit. Der Sommer kommt nicht pünktlich zum im Kalender angegebenen Datum, der Winter in den seltensten Fällen beim ersten Kälteeinbruch. Nicht die Natur, die Uhr und jene mächtigen Menschen, die über ihre Zeigerverläufe entscheiden, zähmen die Zeit und verlangen von ihren Mitmenschen, sich in pünktliche Mitmenschen zu verwandeln.

Die auf Dauer angelegte Lebensgemeinschaft von Verbindlichkeit und Termintreue macht aus Pünktlichkeit gemeinsam mit dem Fleiß und der Sparsamkeit einen alltagstauglichen bürgerlichen Tugendkatalog. Erst dieser macht Verspätungen zu einem dramatischen Ereignis. Weil man der Pünktlichkeit den Status einer bürgerlichen Tugend verliehen hat, reagieren „sitzengelassene" Personen mit Kränkung, Enttäuschung und nicht selten sogar mit Empörung auf diejenigen, die den Verabredungszeitpunkt nicht eingehalten haben. Der vom Geist der Pünktlichkeit beseelte Zeitgenosse sieht sich bei Verspätungen respektlos behandelt, fühlt sich „versetzt" und aus diesem Grunde dann auch häufig verletzt.

Ein Wertekanon, der Termintreue mit Verlässlichkeit und Verbindlichkeit zu einer wirkmächtigen Trinität vereint, ist weder selbstverständlich noch „natürlich", und kulturübergreifend ist er auch nicht. Was die Erziehung, die Grenzen zur Dressur sind fließend, zur Pünktlichkeit anbelangt, können die Deutschen den Anspruch auf die Meisterschaft geltend machen. Bildungsanstalten aller Art, das Militär, die Verfahrplanung des Verkehrsnetzes und die Vertaktung der Arbeitsorganisation haben aus Zeitgenossen pünktliche Zeitgenossen gemacht. Und wenn diese der Maxime „fünf Minuten vor der Zeit ist des Deutschen Pünktlichkeit" folgen, haben sie sogar etwas aus ihnen „geknetet", was es eigentlich gar nicht gibt, nämlich „überpünktliche" Zeitgenossen.

Herrschaftsmittel „Pünktlichkeit"

Pünktlichkeit ist ein gern und häufig verwendetes Herrschaftsmittel, und das nicht nur im uhrenverrückten Mitteleuropa.

Auch im bis ins 19. Jahrhundert uhrenskeptischen Japan ist das heute der Fall. Wo es gängige Praxis ist, den Arbeitsplatz nicht vor dem Chef zu verlassen, kennt man die goldene Regel: „Pünktlich kommen bedeutet fünf Minuten früher als notwendig da sein; pünktlich gehen heißt fünf Stunden länger im Büro bleiben." Im Reich der Macht ist Pünktlichkeit eine Sache der Interpretation, sie ist, wie Reinheit, nichts Ursprüngliches, sondern eine Konstruktion, die als Machmittel und Ordnungsprinzip ihre Verwendung findet.

„Pünktlichkeit – kreativ"

Die Personalleitung einer Firma sucht bei ihren Mitarbeitern Rat und fragt sie per Aushang am Infobrett: „Was können wir tun, damit alle Mitarbeiter pünktlich zum Gongzeichen an ihrem Arbeitsplatz sind?"

Am nächsten Tag steht die kreative Lösung unter dem Aushang: „Lasst doch den ‚gongen', der zuletzt kommt!"

Die Differenz von Pünktlichkeit und Unpünktlichkeit kennen nur Uhrzeitzivilisationen. Denn nur in einer Umgebung, in der an jeder Ecke und an jedem zweiten Turm eine richtungsweisende Uhr hängt, werden die Menschen zu pünktlichen Messdienern der Zeit. Chronometer sind nicht nur Zeitmesser und Zeitsignalgeber, sie agieren stets auch als Trainer und Erzieherinnen und fungieren als Medien der zeitlichen Verhaltenssteuerung, als sicht- und hörbare Zeichen der Zuverlässigkeit und der sozialen Integration.

Uhren machen die Welt zu einer tickenden Welt, teilen deren Zeiten in messbare Einheiten, in Sekunden, Minuten und Stunden ein, verdaten die Tage und ordnen das soziale Leben, das wir dann, wenn es mit Verwaltungshandeln zu tun hat, Bürokratie nennen. Es ist diese auf Eindeutigkeit abzielende Ordnung, die dazu motiviert und verführt, das Zeithandeln nach Kriterien pünktlich/unpünktlich zu klassifizieren. Auf die gleiche Weise kommen auch die Früh- bzw. die Spätaufsteher und die Zufrüh- und die Zuspätkommer zustande. Erst die veruhrzeitlichte Gesellschaft, die den Uhrzeigergehorsam zur Regelerwartung gemacht hat, kennt so etwas wie Unpünktlichkeit, und erst der veruhrzeitlichte Mensch macht aus dem, was er „unpünktlich" nennt, ein Problem und nicht selten einen Makel. Obgleich Unpünktlichkeit, trotz der mit ihr einhergehenden Missbilligung als Unverbindlichkeit, die biologische Zeitnatur schont. Sie erspart den Zeithandelnden diejenige Eile und Hetze, die ihnen das pünktliche Erscheinen abverlangt.

Wie Unkraut nur Unkraut ist, weil man es zu Unkraut erklärt, und Umwege nur dort Umwege sind, wo der gerade Weg das Ideal ist, ist Pünktlichkeit nur dort Pünktlichkeit, wo die Menschen dem Gang der Uhrzeiger Autorität über Zeit und Zeithandeln verleihen.

Die zur „heiligen" Pflicht geadelte Pünktlichkeit macht die Uhrzeit und deren Ordnung zu Gegenständen der Anbetung und den verpünktlichten Bürger zum pflichttreuen Untertan. Sie ist eine Opfer verlangende und Verzicht fordernde Unterwerfungsgeste. Dazu gehört unter anderem der Verzicht auf die spontanen und oftmals auch lustvollen zeitlichen Chancen und Möglichkeiten, die das Zeitleben jenseits der Uhr und deren Diktaten zu bieten hat. Den Pünktlichkeitsimperativen folgen, bedeutet zeitliche Handlungsspielräume einzuschränken, Leidenschaften zu kontrollieren, Begehren und Neigungen zu unterdrücken und Ansprüche an ein zufrieden machendes, zeitsattes Zeitleben fallen zu lassen. Sagen wir es schnörkellos, offen und ehrlich: Pünktliche machen, was die Uhr sagt,

Uhrzeitentgiftete und Uhrzeitignorante, was ihnen ihre Empfindungen und Gefühle empfehlen.

So ist es denn auch nur konsequent, dass mit der heute sicht- und spürbaren Altersschwäche der Uhr im sozialen Verkehr auch ein Druckverlust der Pünktlichkeitserwartung einhergeht, da den Zeigerverläufen nicht mehr die Eigenschaften eines Naturgesetzes unterstellt werden. So verliert, da die chronometrische Zeit ihren handlungsregulierenden Einfluss einbüßt, die bürgerliche Sekundärtugend „Pünktlichkeit" ihre bisher treu für sie sorgende Ernährerin „Uhrzeitlogik". Zumal sich sowohl der Tadel der Unzuverlässigkeit als auch der bis zur Untreue reichende Vorwurf an unpünktliche Zeitgenossen neuerdings auf relativ einfache Art vermeiden lässt: Anruf genügt. Wird man zur rechten Zeit benachrichtigt und fernmündlich über Verspätungen informiert, wird die ehemals als ein Zeichen von Treulosigkeit gebrandmarkte Verspätung gewöhnlich problemlos akzeptiert. Die Nachricht: „Es tut mir leid, ich bin aufgehalten worden und komme deshalb 10 Minuten später!", entlastet vom Tadel fehlenden Respekts und Vorwürfen der Unverbindlichkeit, Unhöflichkeit und der Unzuverlässigkeit.

Die in der digitalen Spätmoderne selbstverständliche Ausstattung des *Homo smartphonensis* mit transportablen Kleingeräten verhindert, dass diejenigen, die auf Verspätete warten, zur Untätigkeit gezwungen sind. Das untätige Herumstehen, das lästige Warten war es vor allem, das früher viele Beteiligte nicht eingehaltener Verabredungen belastete und aufregte, aber nicht jedem Probleme bereitete. Weder Franz Kafka, der große Held der Vergeblichkeit, der seine chronische Unpünktlichkeit mit dem Hinweis entschuldigte, dass er nicht in der Lage sei, „die Schmerzen des Wartens" zu fühlen, litt unter Verspätungen, noch der sensible Denker Walter Benjamin. Er ließ seine Leser und Leserinnen wissen, dass die Frauen, auf die er am Bahnsteig wartete, immer schöner wurden, je mehr sie sich verspäteten.

Wohlschmeckende Verspätung

Die Aufwertung der Pünktlichkeit zur Tugend und deren guter Ruf haben es verhindert, die nicht selten guten und produktiven Effekte, die Verspätungen zur Folge hatten, zu würdigen und nutzbar zu machen. Lange bevor diese Welt und ihre Bewohner mit Smartphones ausgestattet und „beglückt" wurden, durfte man sich an dem Sachverhalt erfreuen, dass Verspätungen auch wohlschmeckende Folgen haben können. Das trifft zumindest auf jene Begebenheit zu, die die Chronik der weinseligen Kulturlandschaft Rheingau überliefert und aufzeichnet.

Im zum Besitz der Fürstabtei Fulda gehörenden Weingut Schloss Johannisberg wurde 1775 jener Qualitätswein erfunden, der als „Spätlese" eine große, auch international Erfolgsgeschichte startete. Seinen Namen hat er von einer der profitabelsten Verspätungen der Geschichte. Diese lohnt es, nacherzählt zu werden:

Bis ins 18./19. Jahrhundert zählte es zu den vornehmsten Privilegien eines Weingutbesitzers, über den Beginn der jährlichen Weinlese zu entscheiden. In den spätbarocken Zeiten des 18. Jahrhunderts hatte, was den Start der Traubenernte auf Schloss Johannisberg betraf, der Fürstabt von Fulda dieses Vorzugsrecht. Nicht weiter bekannte Gründe führten im Jahr 1775 zu dem „Unglück", dass sich der die Nachricht über die Erntereife der Trauben überbringende Bote 14 Tage verspätete. Die Folgen waren dramatisch – zumindest vorläufig: Die Verzögerung hatte die Trauben überreif gemacht und anfaulen lassen. Trotzdem und wohl auch um Gehorsam und Leistungsbereitschaft zu demonstrieren, ließ die verzweifelte Schlossverwaltung die überreifen Früchte ernten. Wider aller Erwarten entwickelte sich einige Monate später aus den angefaulten Trauben ein überragender Wein, der den Kellermeister bei der ersten Verkostung in die überlieferte Lobeshymne ausbrechen ließ: „Solchen Wein habe ich noch nicht in den Mund gebracht." Nicht anders ging es dem Fuldaer Fürstabt mit dem verspäteten Wein. Und weil er ihm so gut geschmeckt hatte, machte er das „spatlässen", wie die Spätlese damals genannt wurde, zur Regel und zum Gesetz.

Warum also pünktlich sein, wenn Unpünktlichkeit die bessere und schmackhaftere Alternative ist?

Spezialität aus Deutschland

„Pünktlichkeit ist ein Indikator für die Gewissenhaftigkeit, eine der fünf zentralen Dimensionen der Persönlichkeit" behauptet der Arbeitspsychologe Hannes Zacher, Professor an der Uni Leipzig, in der *Westdeutschen Allgemeinen Zeitung* vom 27. Oktober 2018. Ein kategorisches Urteil, wie man es wohl kaum außerhalb des deutschen Kultur- und Sprachraums zu lesen bekommt. Die enge Liaison von Unpünktlichkeit und Unhöflichkeit, von Zuspätkommen und Respektlosigkeit, und die Kombination von Verspätung und Unzuverlässigkeit ist nun mal eine Spezialität aus Deutschland. Nur wo Deutsch gesprochen wird, entschuldigt man sich schon bei einer Verspätung von zwei Minuten und, nur dort reagieren die Adressaten einschlägiger Entschuldigungen mit dem Hinweis, dass sie sich bereits Sorgen gemacht haben. Bereits die Bevölkerung der benachbarten Staaten, mehr aber noch die anderer Kontinente kennen keine ähnlich enge Bindung und Selbstbindung des Zeithandelns an die Uhr und daher auch keine nur in Ansätzen vergleichbar weitreichende Verinnerlichung der Uhrenlogik. Man trifft dort nicht auf eine ähnlich hohe moralische Aufladung der Pünktlichkeit, die zu spät kommende Personen nach ein paar Minuten Abweichung von der Vereinbarung bereits in Ungnade fallen lässt.

Spontanes Zeiterleben und situationsbezogenes Zeitverhalten besitzen in den allermeisten Gesellschaften dieser Welt einen höheren Stellenwert als die Zeigerimperative und die Diktate der Uhr. In vielen Kulturen orientiert sich das Zeithandeln ihrer Mitglieder in erster Linie an den jeweils aktuell anstehenden Aufgaben und Ereignissen und nicht an situationsignoranter Zeitmessung und der Zeitansage des Chronometers. Ein indischer Uhrmacher bestätigt das: „Inder glauben nicht an das Konzept der Pünktlichkeit, also sind wir auch nicht pünktlich." In Weltstädten wie Kairo, Istanbul oder Mexiko-Stadt, und das gilt für viele andere Großstädte nicht weniger – selbst für europäische –, ist Pünktlichkeit eine ganz und gar unrealistische Verhaltenserwartung. Das war früher so und ist heute, wo die soziale und die automobile Verkehrsdichte deutlich zugenommen haben, mehr denn je der Fall.

Im sozialen Umgang miteinander gehört die Pünktlichkeit nicht überall auf dieser Welt zum guten Ton und guten Benehmen. Für seinen strengen Hinweis: „Unpünktlich sein, ist unordentlich sein" kann der Preuße Theodor Fontane nicht überall auf der Welt, und heute nicht einmal mehr in Preußen, mit Zustimmung und Beifall rechnen. Unsere südlichen Nachbarn, die den Diktaten der Uhr traditionell weniger gehorsam folgen, können dem bereits nicht allzu viel abgewinnen. Sie wundern und amüsieren sich zuweilen über die Pünktlichkeitsknechtschaft der Deutschen, auch dann, wenn sie diese hin und wieder zu schätzen wissen, da auch sie es genießen, sich darauf verlassen zu können, dass Bahnen und Busse pünktlich verkehren und man sicher sein kann, dass die Dinge so verlaufen, wie sie geplant und angekündigt wurden.

Selbst dort, wo Pünktlichkeit einen anerkannt hohen Wert in der sozialer Mobilität hat, variiert von Mikrokultur zu Mikrokultur, von Sinnwelt zu Sinnwelt, von Vereinbarung zu Vereinbarung, das, was „pünktlich" genannt, erlebt und definiert wird. Wann ist ein Zug pünktlich? In Deutschland, das hat der Bahnvorstand, kein demokratisch gewähltes Gremium, so entschieden, darf er bis zu fünf Minuten und 59 Sekunden später als im Fahrplan angegeben am Zielbahnhof ankommen oder abfahren, um noch als „pünktlich" durchzugehen. Die Schweizer nehmen es genauer, sie geben ihren Zügen und Fahrplänen nur Toleranzspielräume von zwei Minuten, die fixen Japaner sogar nur eine Minute. In Nairobi und Mumbai – Zahlen liegen dafür nicht vor – dürften die Abweichungen des Zugverkehrs von den Angaben im Fahrplan gewöhnlich ein paar Minuten größer ausfallen, um die dortige Pünktlichkeitserwartung zu erfüllen. Während man sich in Mitteleuropa über zeitliche Unregelmäßigkeiten aufregt und beim Betreiber Fahrtkostenerstattung einklagt, geht ein nach Kriterien der Deutschen Bahn „verspäteter" Zug in Ostafrika und in Indien immer noch als „pünktlich" durch.

Pünktlich oder unpünktlich? Ist das für das allermeiste Geschehen letztendlich nicht völlig belanglos? Ob der Senegalese zur Unpünktlichkeit neigt oder unpünktlich ist, kann dem Europäer eigentlich so lange egal sein, wie er sich nicht mit ihm verabredet. Zumal dieser so lange nichts von seiner Unpünktlichkeit wusste, bis ihn der Mitteleuropäer, mit nicht immer guten Absichten, aufgesucht hatte, um aus ihm einen pünktlichen Menschen zu machen. Dass die Europäer an dieser Dressurmaßnahme der Verpünktlichung, die sie als einen Akt der Zivilisierung beschönigten und legitimierten, letztlich gescheitert sind, lag nicht am Unwillen oder am Widerstand der in Afrika lebenden Menschen, sondern an dem Sachverhalt, dass dessen natürliche Um- und die soziale Mitwelt weder Termintreue notwendig macht noch Pünktlichkeit verlangt. Der europäische Tourist, der in einem nigerianischen Dorf am Busbahnhof auf die Ankunft eines Transportmittels zur Weiterfahrt wartet und sich dabei an den Zeitangaben des Fahrplans orientiert, ist möglicherweise pünktlich, aber auch sehr ignorant und einfältig. Denn Pünktlichkeit ist in Afrika üblicherweise weder eine Praxis noch eine Tugend, für die man belohnt wird, und Fahrpläne sind keine verbindlichen und einklagbaren Zeitpläne, sondern so etwas wie Vorschläge oder Angebote. Das hat unter anderem den großen Vorteil, dass der Fahrgastwechsel an Haltestellen nicht unter jenem stressigen Zeitdruck vonstattengeht, den die Deutsche Bahn mit Hinweis auf den Fahrplan praktiziert.

Das von Europäern „Unpünktlichkeit" genannte Zeitverhalten anderer Kontinente und Kulturen macht diese in ihren Lebenswelten weder zu „schlechten" noch zu „unzuverlässigen" Personen. In Afrika und Südamerika ist Pünktlichkeit keine Tugend und Unpünktlichkeit kein Grund für einen Tadel. Es sind vor allem die Mitmenschen und der Kontakt zu ihnen, die über Zeitverwendung entscheiden, nicht die situationsignoranten Uhrzeigerverläufe. Anders als in Mitteleuropa bringt die Unpünktlichkeit Afrikanern und Südamerikanern häufig sogar Vorteile im sozialen Verkehr. Sie demonstriert und betont in ihren Heimatländern zum Beispiel die Autorität sich verspätender Personen und festigt und erhöht ihren Status. Signalisiert sie doch, dass man es bei den Verspäteten mit vielbeschäftigten, einflussreichen und zeitsouveränen Personen zu tun hat, die Wichtigeres und Dringlicheres zu tun haben als Uhrzeitdiktaten zu gehorchen und vereinbarte Zeitpunkte einzuhalten. Pünktlichkeit ist für die allermeisten Menschen dieser Welt, wenn überhaupt, eine Frage des Verhaltens, aber keine des Charakters, zu der sie in Mitteleuropa über ihre „Vertugendlichung" gemacht wurde.

Die allermeisten Menschen haben nun mal andere Sorgen, als fristgerecht zu einer verabredeten Zeit an einem verabredeten Ort zu sein. Es gibt sogar Gesellschaften, die deshalb wenig oder überhaupt nichts mit Uhrengehorsam anfangen können, weil es in ihren Sprachen nicht einmal einen Begriff für „Pünktlichkeit" gibt und deshalb auch keine Vorstellung, was das sein könnte. Naheliegend ist es dann, dass es beim sozialen Verkehr mit solchen Gemeinschaften zu Missverständnissen und Zeitkonflikten kommt. Das ist vor allem dann der Fall, wenn Mitteleuropäer ihre Vorstellungen von Zeit, ihre Wertvorstellung von zeitlicher Exaktheit und Pünktlichkeit auch Angehörigen fremder Kulturkreise eins zu eins unterstellen.

Der veruhrzeitlichte Einwohner Frankfurts hat eine völlig andere Vorstellung von Zeit als ein Bewohner Westafrikas. Er verleiht der Zeit eine von senegalesischen Kleinbauern, die mit den Imperativen der Uhr nichts anfangen können, abweichende Wertigkeit und geht daher auch anders mit ihr um. Dort, wo Busse abfahren, wenn alle Plätze besetzt sind, und nicht zu dem Zeitpunkt, der im Fahrplan steht und den kein einheimischer Fahrgast liest, ist Pünktlichkeit eine unrealistische und naive Erwartung.

Für Deutsche gilt: Wenn es ein Zeitverhalten gibt, das den Menschen als zivilisierten Menschen ausweist, dann ist dies die Pünktlichkeit. Einen aktuellen Beweis liefert die durch den Anstieg der Migration ausgelöste Leitkultur-Debatte um die Grundlagen des Zusammenlebens in Deutschland. In diesem

Zusammenhang fordern einflussreiche Politiker von den ins Land kommenden Flüchtlingen einen eigenen Integrationsbeitrag, der vor allem darin bestehen soll, sich an die im Lande gewachsenen kulturellen Grundvorstellungen anzupassen. Die „Pünktlichkeit" spielt dabei eine prominente Rolle was unter anderem die Tatsache beweist, dass das deutsche Arbeitsministerium das Erlernen von Pünktlichkeit zu einer der wichtigsten Grundlagen ihrer Integrationsbereitschaft erklärt. In einer zweisprachigen – deutsch/arabischen – Handreichung findet man dann, nicht allzu überraschend, den folgenden „Verhaltenstipp für Flüchtlinge":

> *Pünktlichkeit wird in Deutschland großgeschrieben. Wer absehen kann, dass er sich mehrere Minuten verspäten wird, sollte dies telefonisch ankündigen. Für Schule, Ausbildungsplatz und Arbeitsstelle ist das sogar zwingend. Eine Entschuldigung und eine Begründung für die Verspätung wird allgemein erwartet.*
>
> *(aus: Deutschland: Erste Informationen für Flüchtlinge, Herder Verlag 2015)*

Keine Rolle bei der Integration, die ja von beiden Seiten, der zu Integrierenden und der Integrierenden, Anstrengungen verlangt, spielt hingegen, dass die Geflüchteten aus ihren heimatlichen Zeitkulturen eine Menge von Erfahrungen mit flexiblen Zeitvereinbarungen und mit Zeitraum-Verabredungen mitbringen. Eine Lernchance, die für eine Post-Uhrzeitgesellschaft von hohem Nutzen sein könnte, wenn sie nicht in Abschiebehaft landen würde.

Anruf genügt

Wie bereits angedeutet, es ändert sich in Deutschland derzeit etwas beim Umgang mit Pünktlichkeit. Vergleichbar mit dem Gütesiegel „Made in Germany" verliert auch das der „German Pünktlichkeit" an Glanz und Anerkennung. Maßgeblich beteiligt an diesem Wandel sind die überaus erfolgreichen westentaschenkompatiblen transportablen Immer-und-überall-Geräte. Sie sorgen dafür, dass die unerzogenen Kinder der Beschleunigung, denen wir die Namen „Verspätung" und „Unpünktlichkeit" verpasst haben, immer seltener eine zur Aufregung Anlass gebende Rolle spielen. Rechtzeitig angekündigte Unpünktlichkeit macht die mit ihr einhergehenden Vorwürfe hinfällig, da mit der Ankündigung der Verspätung ja zugleich ein Beweis der Verbindlichkeit kommuniziert wird. Eine stetig größer werdende Anzahl männlicher und weiblicher Zeitgenossen erlebt das als Entlastung, einige sogar als Befreiung vom Druck einer situationsignoranten Verhaltenserwartung.

In relativ kurzer Zeit, es ist die nur ein Jahrzehnt dauernde Zeitspanne, in der der Besitz eines Mobiltelefons zur Normalität wurde, ist aus der ehemaligen Pünktlichkeitserwartung eine Verpflichtung geworden, rechtzeitig über Unpünktlichkeiten zu informieren. In den einschlägigen Benimmratgebern zählt heute nicht nur Pünktlichkeit, sondern auch angekündigte Unpünktlichkeit zu den korrekten Umgangsformen. Das ist letztlich eine Konsequenz aus einer sozialen Dynamik, in der das pünktliche Erscheinen allein deshalb unwahrscheinlicher wird, weil den verabredeten Personen immer mehr und immer häufiger „etwas dazwischen kommt". Den Kabarettisten Hanns Dieter Hüsch hat das zu dem klugen Hinweis animiert: „Man muss nicht überall dabei sein. Meistens kommt man sowieso zu spät."

Allesamt sind wir heute Zeitzeugen, zugleich aber auch Opfer und Täter einer Entwicklung, die mit steigender Beschleunigung und wachsender Zeitverdichtung die Anzahl der Verspätungen größer und nicht, wie es großmäulige Marketingversprechen ankündigen, geringer macht. Pünktliches Erscheinen wird zur Ausnahme, Verspätungen hingegen zur Regel. Eine Erfahrung, die auch der Verfasser eines Internetkommentars machen musste: „Jemanden auf eine Minute festzunageln und ab einer Minute Verspätung sauer zu sein [...] hat für mich ein bisschen was von kleinkarierter Denkweise." Was aber sind diese Zumutungen der Pünktlichkeitserwartung, was ist das „Kleinkarierte" daran? In allererster Linie ist das die mit der Pünktlichkeitsnorm verbundene Fremd- und die Selbstverpflichtung zur Situationsignoranz. Pünktlich sein heißt und verlangt einer Vereinbarung zu folgen, unabhängig davon, was gerade geschieht, und unbeeinflusst von dem Sachverhalt, ob es nicht eventuell besser, nützlicher und sinnvoller wäre, die getroffene Abmachung zu verletzen oder nicht einzuhalten.

Der zur Pünktlichkeit erzogene und sich zum Einhalten eines einmal vereinbarten Zeitpunktes selbstverpflichtende Zeitgenosse muss sich in seinem Zeithandeln einer vom Umweltgeschehen unabhängigen Uhrenmechanik anpassen und sein Tun und Lassen an dieser ausrichten. Die Vereinbarung, zu einem verabredeten Zeitpunkt an einem gemeinsam festgelegten Ort zu erscheinen, verlangt die Harmonisierung von Mensch und Zeitmaschine. Die aber ist in einer hochmobilen Gesellschaft, in der sich Situationen und Gelegenheiten immer kurzfristiger ändern – dies bedeutet das Etikett „Flexibilität" – illusorisch. Das mit der Pünktlichkeitserwartung verknüpfte Ansinnen, das Gefühlswesen Mensch solle sein soziales Zeithandeln an einer linearen Eins-nach-dem-anderen-Logik ausrichten und alle konkurrierenden und davon abweichenden lebendigen Zeitsignale ignorieren, ist in einer dynamischen Welt eine für die Zeitsouveränität bedrohliche Zumutung. Den Zeigergehorsam mehr zu schätzen als das nicht berechenbare Leben, heißt den Zwang und die Unterwerfung mehr zu genießen als die Freiheit, Zeitentscheidungen situationsgerecht treffen zu können und zu dürfen.

Auf den von der Werbung, von Vorgesetzten und von den eigenen Selbstoptimierungsansprüchen ausgesendeten Imperativ: „Mach mehr aus deiner Zeit!" reagieren immer mehr Zeitgenossen und Zeitgenossinnen immer häufiger mit einer elastischeren Interpretation des Pünktlichkeitsgebots. Vor allem jüngere Menschen sehen in der ehemals moralisch hoch aufgeladenen sozialen „Pünktlichkeitsnorm" eine inzwischen altersschwache Erwartung. Aus der Perspektive eines Zeitgenossen des heute Fahrt aufnehmenden 21. Jahrhunderts hat man, auf dem Zeitstrahl zurückblickend, in den vergangenen Blütezeiten der Industriemoderne der Pünktlichkeit mehr Zeit, mehr Mühe, mehr Energie und mehr Aufwand geopfert, als sie wirklich verdient hat. Heute wissen wir, dass es eine Übertreibung und nicht selten auch eine Illusion war, pünktliches Verhalten mit leistungsbereitem und erfolgreichem Handeln gleichzusetzen und den pünktlichen Menschen für den fortschrittlicheren, den überlegeneren und „besseren" zu halten. Vorbei also die Zeiten der Stechuhren, die des uhrzeitkonformen Verhaltens und die der „Warte nur, bis Papa nach Hause kommt!"-Autoritäten. Da hält sich das Mitleid mit jenen „stehengebliebenen" Zeitgenossen in Grenzen, die den Verlust des seltsamen Glückes beklagen, das ihnen die Unterordnung unter die Befehle und die Diktate mechanisch gesteuerter Zeiger aufzwingt.

Getroffene Verabredungen einzuhalten und pünktlich zu erscheinen ist eine Erwartung, der es über eine lange Zeit gelungen ist – das trifft vor allem auf die Deutschen zu – sich ihrer Fragwürdigkeit zu entziehen. „Pünktlich" und „fleißig", so lässt sichs im *Deutschen Wörterbuch* der Brüder Grimm nachlesen, gehören seit dem 18. Jahrhundert zu den Lieblingsadjektiven der Deutschen.

Moralisch aufgeladen wird der Begriff der „Pünktlichkeit" durch seine Bindung an die Charaktereigenschaften der Zuverlässigkeit, der Ehrlichkeit, der Selbstdisziplin und der Vertrauenswürdigkeit. Das hat gravierende Konsequenzen für den sozialen Verkehr. Unpünktliche Personen, besonders dann, wenn sie chronisch unpünktlich sind, handeln sich leicht den Vorwurf ein, mit Zeit nicht „richtig" umgehen zu können. Man geht ihnen, wo das möglich ist, aus dem Weg, meidet den Kontakt mit ihnen und erklärt sie zu unzuverlässigen Kollegen und Partnern. Dies betrifft in erster Linie die unpünktlichen Zuspätkommer. Die unpünktlichen Zufrühkommer hingegen – „wer zu früh kommt, kommt auch zu unrecht", so steht es in dem Buch *Die Weisheit auf der Gasse* – nur am Rande.

Das ändert sich. Pünktlichkeit, sagen mir meine Kinder, mag zwar eine Tugend sein, das bestreiten sie nicht, sie ist für sie aber eine aus der Zeit gefallene Tugend. Wie die „Generation Smartphone" nicht mehr an den linear voranschreitenden Fortschritt glaubt und Zweifel an der Wirksamkeit des Leistungsprinzips hat, so wenig ist sie von der Tugendhaftigkeit der Pünktlichkeit überzeugt. Mit situationsabgehobener Pünktlichkeit verbinden sie eine ihr Zeithandeln einschränkende, moralisch aufgeladene Erwartung, die sie unflexibel macht, ihnen viele Chancen und Handlungsalternativen verweigert oder – wie sie sagen – „durch die Lappen gehen lässt".

Pünktlichkeit, das klingt für jüngere Zeitgenossen eher nach Stress, Druck und sinnloser und damit überflüssiger Selbstbindung. Nur allzu verständlich, dass sie so etwas zu vermeiden versuchen. Sie gehen entspannter, pragmatischer mit verabredeten Zeiten um. Nicht zuletzt weil Pünktlichkeit für sie weder ein Zeichen der Höflichkeit noch der Verbindlichkeit und der Zuverlässigkeit ist, da auch diejenigen höflich, zuverlässig und verbindlich sind, die rechtzeitig höflich und zuverlässig über das verspätete Erscheinen informieren. Das aber bedeutet, dass die Pünktlichkeit ihr moralisches Gewicht, zumindest aber ihr moralisches Übergewicht verliert.

Schwierigkeiten, auch das vermitteln mir meine beruflich erfolgreichen Kinder, haben sie oft mit dem hohen Ansehen, das Pünktlichkeit genießt. Nachvollziehen können sie diese Wertschätzung schon allein deshalb nicht, weil pünktliches Verhalten in ihren Augen ebensogut mit nichtswürdigem und schädigendem Tun und Handeln vereinbar ist. Auch zu einem verabredeten Banküberfall kann man pünktlich eintreffen, und termingerecht lassen sich die Steuern hinterziehen. Man kann diesen Argumenten schwer widersprechen. Erst recht nicht, wenn man in diesem Zusammenhang noch darauf hingewiesen wird, dass es, glaubt man einschlägigen Zeitungsberichten, die Unpünktlichen sind, die bei Flugzeugabstürzen die besten Überlebenschancen haben.

Am Punkt

„Pünktlichkeit", so liest man es in sämtlichen Ratgebern des Zeitmanagements, „ist die Höflichkeit der Könige". Könige aber gibt es heute nicht mehr allzu viele und diejenigen, die in den Wartezimmer-Illustrierten auftauchen, haben weder Macht noch großen Einfluss auf den Verlauf der Zeiten. Das Verblassen ihrer Macht und ihrer Autorität spiegelt sich in der Altersschwäche der Pünktlichkeitsnorm. Wichtiger als pünktlich zu sein ist es heute, am richtigen Punkt zu sein. Am richtigen Punkt sein heißt, zur rechten Zeit am rechten Ort zu sein.

Das verlangen die mit digitalen Informationstechnologien angereicherten spätmodernen verdichteten Lebensverhältnisse unserer Tage. Zeitgenossen, die sich weiterhin verpflichtet fühlen, an einmal getroffenen Uhrzeitvereinbarungen festzuhalten, weil Pünktlichkeit Ausweis ihrer Verlässlichkeit ist, verpassen nicht nur viel, sie müssen auch wegen ihrer Termintreue auf kurzfristig ein- und auftretende Attraktionen, Gelegenheiten und Handlungsoptionen verzichten. Situationsignorante Pünktlichkeit führt zu Chancenverlusten und Verhalenseinschränkungen. Was offensichtlich macht, wie eng die Pünktlichkeit mit dem Verlust verwandt ist.

Pünktliche Zeitgenossen sind zum vereinbarten Zeitpunkt am richtigen Ort, während diejenigen, die immer am Punkt und stets auf dem Sprung sind, sich zur rechten Zeit am richtigen Ort einfinden. Der richtige Zeitpunkt ist ein kalkulierter, mittels Termin oder Uhrzeit vereinbarter Zeitpunkt. Der rechte Zeitpunkt hingegen ist der durch die Gunst der Stunde ausgezeichnete. Günstige, rechte Zeitpunkte sind situationsoptimiert, richtige vereinbarungsgerecht. Um am Punkt, also zur rechten Zeit am rechten Ort zu sein, braucht es hohe Situationssensibilität, eine Uhr braucht es jedoch nicht dazu. Wer aber den richtigen Zeitpunkt erwischen will, muss zum abgemachten Termin am vereinbarten Ort sein. Dazu braucht man eine Uhr und eine gehörige Portion Situationsignoranz. Die rechte Zeit hält sich jenseits der Uhr auf, die richtige Zeit findet man auf dem Ziffernblatt. Am „Punkt sein", das bedeutet, die Gunst der Stunde, und manchmal auch der Minuten zu nutzen, die Gelegenheit am Schopfe zu packen. Dazu muss man offen und bereit sein für das, was auf einen zukommt, und sich den Diktaten der Uhr verweigern und entziehen. Der Pünktliche aber darf nicht offen für Alternativen sein, da er sich verpflichtet hat, dem Verabredungsimperativ zu folgen.

Die griechische Mythologie kennt bekanntlich zwei Zeitgötter. Chronos ist zuständig für den richtigen Augenblick und Kairos für den rechten. Würde man heute noch in den beiden Göttern einflussreiche Autoritäten des Zeithandelns sehen, könnte sich der als Gott Kairos personifizierte rechte Augenblick einer wachsenden Anhängerschaft erfreuen.

In einer die Industriegesellschaft ablösenden digitalen Gesellschaft ist Pünktlichkeit, die einst dazu beigetragen hat, die Zeit der Uhr verhaltensrelevant zu machen, so wenig mehr eine Tugend wie es die Sparsamkeit, das Schönschreiben und das Geradesitzen noch sind. Der postmoderne, hyperflexible Dynamismus wird zeitlich immer geringfügiger von der funktionsmüden Uhr gesteuert und kontrolliert. Die an das Zeithandeln gerichtete Forderung, Verabredungen einzuhalten, läuft dann ins Leere, wenn ständige Erreichbarkeit selbstverständlich und unverzügliche Reaktion üblich werden. In den Umgebungen des „Sofortismus" sind es die Flexiblen und nicht mehr die Pünktlichen, die mit beruflichem Erfolg und auf Karriere hoffen können. Das aber heißt nichts anderes, als dass die Verteidiger der Pünktlichkeit demnächst nur mehr jenseits des Eintritts ins Rentenalter zu suchen und zu finden sind.

Diese Lockerung des einengenden Korsetts der Pünktlichkeit bedeutet jedoch weder einen gänzlichen Verzicht auf die Uhr noch auf die „Pünktlichkeit" genannte Verhaltenserwartung. Wenn es sich lohnt, das verlangt die ausgreifende Zeit-ist-Geld-Dynamik, bleibt Pünktlichkeit, auch wenn die Zukunft nicht pünktlich eintreffen sollte, weiterhin eine Alternative. Das aber ist sie nur dann, wenn sie nicht länger Gegnerin des Flexiblen ist, sondern eine Option im Rahmen des Flexiblen. Pünktlichkeit und Flexibilität sind keine Gegensätze. Pünktlichkeit gehört zur Flexibilität wie der Sattel zum Fahrrad.

Zu Ende hingegen gehen ihre Fraglosigkeit und ihre Selbstverständlichkeit. Auch in den Lebenswelten der Spätmoderne geht es um die Her- und die Sicherstellung von Gemeinschaft, geht es um Kooperation, Synchronisation und Teamarbeit. Um das sicherzustellen, kann weder auf Uhrzeit als gemeinsam geteilter Zeitreferenz noch auf Pünktlichkeit als Element verbindlicher Verhaltenskoordination verzichtet werden. In dem über diese Anlässe hinausgehenden sozialen Geschehen jedoch verliert die Pünktlichkeitserwartung ihre Selbstverständlichkeit, da sie sich über ihre jeweiligen Zwecke und Ziele immer wieder von Neuem zu rechtfertigen gezwungen wird. Das muss kein Grund zur Klage und auch keiner zur Entwicklung zivilisationspessimistischer Fantasien sein. Bedauerlich hingegen ist das Abhandenkommen unterhaltsamer Paradoxien wie sie das Verwaltungshandeln hervorbringt: „Der angekündigte Bericht über die pünktliche Vorlage von Berichten verspätet sich leider.“ Schade auch um die oft kreativen und zuweilen amüsanten Ausreden, die sich Schüler und Schülerinnen einfallen lassen, um ihr verspätetes Erscheinen im Unterricht zu erklären, zu begründen und zu rechtfertigen.

Den Erwartungen, stets am Punkt und nicht mehr notwendigerweise pünktlich zu sein, trägt der soziale Alltagsverkehr bereits heute Rechnung. Bei Einladungen zum Sektfrühstück oder zu Cocktailpartys empfiehlt man ein Erscheinen mit „gezügelter Unpünktlichkeit“. Elastisches Zeithandeln empfiehlt auch ein Ratgeber zum formvollendeten Benehmen … „45 Minuten nach der vom Gastgeber gewünschten Zeit“.

Wer zu Gelegenheiten pünktlich kommt, bei denen nicht nur mit einer Verspätung der Gäste gerechnet, sondern diese sogar erwartet wird, muss mit irritierten und peinlichen Reaktionen seitens der Gastgeber rechnen und anschließend eine Weile alleine herumstehen. Bei attraktiven Großveranstaltungen empfiehlt es sich dagegen, vorausgesetzt, man legt Wert auf einen guten Sitzplatz, nicht pünktlich, sondern früher zu kommen. Will man sich im Kino die Werbung vor dem Hauptfilm ersparen, darf man seinen Platz nicht zu der in der Zeitung angegebenen Uhrzeit des Filmbeginns einnehmen, sondern später, und wer in der Uni pünktlich zur Vorlesung kommt, macht sich bei seinen Kommilitonen als Erstsemester erkennbar. Selbst für die Fernsehnachrichten muss die Familie schon länger nicht mehr pünktlich um 20 Uhr in andächtige Stille verfallen. Das Neueste vom Tage – auch wenn es in den allermeisten Fällen nicht allzu neu ist – gibt es inzwischen annähernd zu jeder Zeit im Internet, verpasste Sendungen findet man in der Mediathek. Und überhaupt: Verpassen, so etwas gibt es in der Welt der Sofortmedien nicht mehr. Warum dann noch pünktlich einschalten?

Man trifft heutzutage auch immer häufiger männliche und weibliche Zeitgenossen die zu schätzen wissen, dass die traditionellen Rhythmen der Nahrungsaufnahme inzwischen soweit flexibilisiert wurden, dass der spontan sich einstellende Hunger von der Angst befreit, mit knurrendem Magen und Hungeraggressionen bestraft zu werden. In den „durchgehend warmen Küchen" der Schnellrestaurants isst man immer pünktlich, Tag und Nacht und rund um die Uhr. Man bekommt dort alles zu jeder Zeit. Eine Uhr braucht man nicht, es sei denn, man will anderen zeigen, dass man eine hat.

Und dann gibt es noch eine bunte Reihe männlicher und weiblicher Zeitgenossen, die, weil sie aus ganz unterschiedlichen Gründen Verspätungen schätzen und genießen, zeitaufwändige Bemühungen um Pünktlichkeit immer schon mit viel Distanz und noch mehr Verwunderung betrachtet haben. Dazu zählen unter anderem Vielflieger und Vielfahrer, die man in luxuriös ausgestatteten Lounges an Knotenpunkten des Verkehrs antrifft. Kommt man mit ihnen in ein entspanntes

Gespräch, erfährt man zuweilen, dass sie den „Schlendrian" der Unpünktlichkeit der Transportmittel, mit denen sie unterwegs sind, durchaus zu schätzen wissen, da diese sie von den Diktaten des Terminkalenders und den Imperativen der Uhrzeiger entlastet. Die Lufthansa bietet ihnen, das melden die Zeitungen, immer mehr Gelegenheit dazu. Während der Niederschrift dieses Textes meldet die Fluggesellschaft zerknirscht (2018): „Die Pünktlichkeit ist auf ein für uns inakzeptables Niveau gesunken." Für alle Kämpfer für einen größeren Zeitwohlstand ist das eine erfreuliche Meldung und für die Erschöpften und Gehetzten, die auf der Suche nach einer Gelegenheit zum Durchatmen sind, auch.

Unpünktlich, aber am Punkt ist auch Herr Dr. Habermann. Er nutzt die die traditionellen Grenzen von Raum und Zeit überschreitenden technischen Möglichkeiten, um zu tun, was er vereinbart hat, obgleich die Umstände ihn daran hindern.

> *Abgemacht ist, dass Herr Dr. Habermann jeden Freitag um 14:00 Uhr bei Frau Dr. Wedekind zur Beratung erscheint. Heute ist er jedoch zum vereinbarten Zeitpunkt nicht da. Frau Dr. Wedekind wartet auf ihn. Um 14:05 Uhr erreicht sie folgender Anruf von Dr. Habermann: „Entschuldigen Sie bitte, Frau Dr. Wedekind, ich kann heute leider nicht, wie vereinbart, pünktlich um 14.00 Uhr bei Ihnen sein, da ich in einem zeitlich unkalkulierbaren Verkehrsstau stecke. Falls es Ihnen nichts ausmacht, können wir mit der Beratung aber schon mal beginnen."*

Ein solch elastischer und auch kreativer Umgang mit Vereinbarungen, wie ihn Herr Dr. Habermann demonstriert, ist für die Zeitepoche charakteristisch, die Sozialwissenschaftler gerne mit dem Etikett der „Post-" bzw. der „Spätmoderne" ausstatten. Der moderne Mensch liebt die Uhr und ihre Zeigersignale mehr als die Zeit, während der spätmoderne Zeitgenosse die Zeit und sein Smartphone, mit dem er Verabredungen flexibilisiert, mehr als die Uhr liebt.

Mit der Verrentung der industrialisierten Zeitgenossen verlässt auch der pünktliche und vertaktete Uhrzeitmensch die Mikrowelten des Normalarbeitsverhältnisses. Abgelöst und ersetzt wird er von den Helden des Unmittelbaren und des Moments, für die Nietzsche die Formulierung „Legionäre des Augenblicks" bereitstellt und Journalisten von „Schnäppchenjägern" schreiben. Sie besonders sehen in elastischen Zeitmustern und flexiblen Zeitordnungen einen Fortschritt zu mehr Zeitsouveränität, größerer Zeitautonomie und wachsendem Zeitwohlstand. Das befreit sie von der mit der Pünktlichkeitserwartung einhergehenden Verspätungsangst, belastet sie aber mit den Ängsten und Befürchtungen, etwas Wichtiges zu verpassen und zu versäumen, Entscheidendes zu übersehen oder das Mobiltelefon an einem unbekannten Ort vergessen zu haben. Wieder einmal in der Zeitgeschichte ist Lernen, Umlernen angesagt, konkret: Loslassen, Verlernen, Neues aneignen. Das heißt: Geringere Zeigertreue, mehr Distanz zum Zeitmuster „Takt" und weniger Pünktlichkeit. In einem Wort: „Uhrenentgiftung" ist das Gebot der Stunde.

Unverzichtbarer Dauerbegleiter des flexiblen Zeithandelns ist heute das allgegenwärtige Smartphone. Waren in den modernen Zeiten die Uhren für den Zeitdruck verantwortlich, so ist es nun das Mobiltelefon. Die Angst, zu spät zu kommen, wurde durch die Befürchtung, der Akku könne zur falschen Zeit seinen Geist aufgeben oder man könne in einem Funkloch landen, abgelöst. Der eine lange Zeit zum gestischen Repertoire des Mitteleuropäers zählende fixe Blick auf die Armbanduhr ist durch den nicht minder raschen Blick auf das Display des Smartphones getauscht worden. 88-mal am Tag, sagen uns die Statistiker, beweisen Smartphonebesitzer ihrem elektronischen Dienstboten ihre Zuneigung und lassen durch diese Sympathie erkennen, dass sie sich von den Signalen, die das Display aussendet, beherrschen lassen.

„Immer am Punkt", „Zum rechten Moment am rechten Ort" und „pausenlos unterwegs" heißen die Erfolgsstrategien derer, die auf Karriere und Fortkommen aus sind. Dazu gehört auch der Einzelhandel, dem am Wachstum seines Umsatzes gelegen ist. Unpünktlich, weil verfrüht, stellt er bereits im Oktober die Nikoläuse in die Regale der Supermärkte und drapiert sie in die Schaufenster der Auslagen. Das „Zufrühdransein" gilt auch für die Mehrzahl der Weihnachtsmärkte, die vor Adventsbeginn bereits die Besucher der Innenstadtplätze mit Glühweinduft und Kunstschnee belästigen.

Seitdem es offenbar wird, dass die Flexiblen mehr vom Leben haben als die Pünktlichen, lockern sich die Fesseln, mit denen sich der *Homo modernus* an den Mast der Pünktlichkeit gefesselt hat, um den Sirenenklängen der Elastizität und der Beweglichkeit zu widerstehen. Die Ablösung des Pünktlichkeitsdiktats durch das „Am-Punkt-Sein" ist nicht, wie man vermuten könnte, die Konsequenz besserer Erkenntnis und klügerer Einsicht, sondern die Folge veränderter Arbeits- und Lebensbedingungen. Diese verlangen, vornehmlich wenn es um geschäftliche Erfolge und individuelle Berufskarrieren geht, ein immer kurzfristigeres „Timing", das dem Prinzip des „zur rechten Zeit am richtigen Platz" gehorcht. Am Punkt und damit am rechten Platz kann nur sein, wer stets auf dem Sprung ist, wer sich nicht durch ein Pünktlichkeitsversprechen festgelegt und in seiner zeitlichen Dispositionsfreiheit eingeschränkt hat und nicht gezwungen ist, vieles von dem, was an Chancen und attraktiven Gelegenheiten „dazwischenkommt", zu ignorieren, zu vermeiden und zu übersehen. Die weiterhin an ihren Pünktlichkeitsversprechen festhaltenden Zeitgenossen müssen mit dem vorliebnehmen, was die flexiblen Schnäppchenjäger übrig gelassen haben. Das lässt sie die Erfahrung machen, dass die Pünktlichen für ihre Pünktlichkeit nicht belohnt, sondern heute eher bestraft werden. Auf einen mit einer Pünktlichkeitsverpflichtung verbundenen Arbeitsauftrag seines Chefs würde Herman Melvilles *Bartleby, der Schreiber* daher mit der Zurückweisung reagieren: „I would prefer not to." („Ich möchte lieber nicht.")

„Ich hatte", erzählt ein führender Manager eines Großkonzerns in einer Rundfunksendung über seine Arbeit, „die letzten beiden Tage insgesamt fünf geschäftliche Termine. Zwei davon fanden wie geplant statt, einer wurde 24 Stunden vorher abgesagt, einer kurzfristig um eine halbe Stunde verschoben und ein anderer zwei Stunden vor Beginn gecancelt." Wer unter diesen Bedingungen weiterhin an seinen Vorstellungen von Termintreue und Pünktlichkeit festhält, braucht eine hohe Frustrationstoleranz. Nur in Ausnahmefällen ist heute noch eine verbindliche Zusage zu einem in zwei Tagen stattfindenden Treffen zu bekommen. Termine sollen möglichst bis zum letzten Moment offen bleiben, da ja etwas Attraktiveres, Wichtigeres oder Profitableres dazwischenkommen könnte. So ist es denn auch nicht allzu überraschend, dass einer Meldung der *Frankfurter Allgemeinen Zeitung* zufolge, ein Drittel der Arbeitgeber (genau: 34 Prozent) es für unproblematisch hält, wenn ihre Angestellten zu spät kommen; vorausgesetzt, diese machen ihre Arbeit gut und erledigen sie in angemessener Zeit.

In Zeiten des zeitlosen Internets sind wir stets zu spät dran. Und zu spät merken wir auch, dass wir das sind. Bert Brecht, ein verfrühter Spätmoderner und in vielerlei Hinsicht sensibler sozialer Seismograf mit Weitsicht, hat für diese Erfahrung kein Internet gebraucht. Bereits 1917, zu Beginn seines Studiums an der Universität München, klagt er darüber in einem Brief an einen Freund:

> *„Lieber Heinz (Hagg), ich muß Dir doch einmal schreiben. Obwohl hier (in München) nichts los ist. Es wäre schrecklich, wenn ich Zeit hätte, darüber nachzudenken. Aber ich bin ins Rennen geraten. Von 8–11, von 12–1; von 3–½ 7; von 7–10 ½ im Laboratorium, Univers(ität) und Theater. [...] Hier komme ich aus einem System von Verspätungen nie heraus. Früh um 6 (8!) Uhr habe ich schon n(ahe)z(u) 24 Stunden Verspätung. Nachts 11 Uhr, 24 + 15 Std. usw. Nächstens stehe ich in der Frühe einfach nicht mehr auf. Basta.“*

Einen späten Sympathisanten hat Brecht in dem Altrocker Neil Young gefunden. Anders als Brecht braucht Young jedoch nur eine einzige Liedzeile, um seine Verspätungserfahrungen zu beschreiben: „When I was fast, I was always behind.“

Mit dem Rücken zur Uhr

Ein unvoreingenommener Blick in den Kalender macht offensichtlich, dass nicht einmal die als Muster der Präzision geltende kalendarische Ordnung einen großen Wert auf Pünktlichkeit legt. Das Oktoberfest findet im September statt, ohne dass dies dazu führen würde, dass viele Besucher zu spät nach München kämen. In Russland feiert man den Jahrestag der Oktoberrevolution Anfang November, eine kalendarische

Unpünktlichkeit, die auch keine Probleme macht. Das Zeitleben gerät durch Verletzungen der offiziellen Zeitordnung nicht so leicht aus dem Gleichgewicht. Auch weil die Verpünktlichung der Bürger und der Bürgerinnen selten so weit ging, dass sie ihnen keinen Spielraum gelassen hätte, mit Unregelmäßigkeiten umzugehen. Umgehen mit Abweichungen von der traditionellen Zeitordnung muss man auch, weil Lichterketten immer früher und somit unpünktlicher die ersten Lebkuchenstapel in den Auslagen beleuchten, weil die Nachbarn ihren hässlichen Weihnachtsstern das ganze Jahr über der Haustüre leuchten lassen und weil im fränkischen Rothenburg ob der Tauber ein Ganzjahresweihnachtsmarkt Nonstop-Tannenbaumromantik verhökert.

Da liegt die Frage nahe: Ist Pünktlichkeit in dieser von Feuilletonisten mal als multipolar, mal als hyperflexibel bezeichneten Epoche noch ein zeitgemäßer Wert? Die Antwort kann nur heißen: Wenn, dann ist sie kein unumschränkter, kein absoluter mehr. Eine auf Hochgeschwindigkeit und Zeitverdichtung getrimmte Welt, wie man sie in den an die Globalisierung angeschlossenen Ländern antrifft, kann mit dem Konzept „Pünktlichkeit/Unpünktlichkeit" nicht mehr viel anfangen. Da verwundert es denn auch nicht, dass man nur noch in vergriffenen Ausgaben des Zentralorgans für Manieren und Umgangsformen, dem *Knigge*, den moralisch aufgeladenen Hinweis findet: „Jedermann geht gern mit einem Menschen um und treibt Geschäfte mit ihm, wenn man sich auf seine Pünktlichkeit in Wort und Tat verlassen kann." In den neueren Auflagen dieses Benimmkatalogs ist dieser Hinweis verschwunden. Beide, sowohl der *Knigge* als auch die Pünktlichkeit, gehen mit der Zeit. Das macht einigen Angst, anderen Freude. Die einen werden unruhig und unsicher, wenn sie drei Uhren sehen, die unterschiedliche Zeiten anzeigen, die anderen freuen sich darüber, weil sie sich dann für jene Zeit entscheiden können, die ihnen am besten passt und das meiste verspricht.

Wie beeindruckend Pünktlichkeit sein kann, beschreibt Wilhelm Raabe im **Hungerpastor**, als der Kandidat die Bewohner von Freudenstadt nach dem rechten Weg fragt:

> *„Zwölf Uhr schlug's auf dem Kirchturm von Freudenstadt, und sämtliche anwesende Bewohner von Freudenstadt schlossen mit einem Ruck die zur Antwort geöffneten Kau- und Schluckorgane, drehten sich mit einem Ruck auf den Hacken und gingen davon – ohne Antwort, ein jeglicher zu seinem Mittagessen. Mit offenem Munde aber stand Hans Unwirrsch da und sah ihnen nach; der Eindruck, den diese Pünktlichkeit auf ihn machte, war wahrhaft überwältigend; und wenn die alten, schiefen Giebelhäuser sich ebenfalls umgedreht hätten und abmarschiert wären zum Essen, so würde das kaum noch seine Bewunderung erhöht haben."*

(Wilhelm Raabe [1831–1910]: Der Hungerpastor. 1863/64. In: Deutsche Literatur von Luther bis Tucholsky, S. 439–506. Berlin 2005)

Immer am Zug: Exkursion

Ein Schlaglicht auf das merkwürdige Verhältnis der Deutschen zur Pünktlichkeit wirft die Ankündigung der Bahn, die Fahrplangenauigkeit der Züge in Zukunft durch ein früheres, vulgo: schnelleres Türenschließen zu gewährleisten. Da wird dann wohl der eine oder andere nicht ganz so fixe Kunde am Bahnsteig zurückgelassen und diejenigen, die es geschafft haben, die Stufen im letzten Moment zu erklimmen, werden sich um ihre blauen Flecken kümmern müssen, die sie sich bei der Rempelei beim Einstieg und beim Wettrennen um Sitzplätze geholt haben. Wer nicht schnell genug ist, den bestraft die Bahn.

Um den gewünschten Zug bei der deutschen Bahn zu erwischen, ist der Blick in den Pünktlichkeit suggerierenden Fahrplan oder auf das vom Titanen Atlas geschulterte Ziffernblatt der großen Bahnhofsuhr ein schlechter Ratgeber. Die Statistiken melden ein Rekordtief bei der Pünktlichkeit. Nur 71,8 Prozent der Fernzüge fuhren im Oktober 2018 nach Fahrplan und mit mehr als 75 Prozent rechnet selbst die Bahn nicht in Zukunft. „Trotz eines groß angelegten Verbesserungsprogramms sind Fernzüge wieder unpünktlicher geworden", meldet die *Süddeutsche Zeitung* im Herbst 2018 – und das nach mehr als drei Jahrzehnten Pünktlichkeitsoffensive. Mit vom Bahnvorstand von der Regierung erwarteten Milliardenbeträgen soll die Pünktlichkeit der Züge zukünftig verbessert werden. Eine bedenkenswerte Alternative wäre es, die völlig unrealistischen Pünktlichkeitsansprüche aufzugeben und dafür in die Aufenthaltsqualität von Zugabteilen und Bahnhöfen zu investieren und das Motto auszugeben: „Bei uns sind Sie immer am Zug."

Die jährlich höhere Pünktlichkeit versprechende Deutsche Bahn AG, die ihren Zwölfuhrzug hingegen gerne gegen 13 Uhr ankommen lässt und dann auch noch auf einem falschen Gleis, ist seit Längerem bereits für Reisende, die mit der Zeit gehen, zum großen Lehrmeister flexiblen Verhaltens geworden. Sie ist am Puls der Zeit. Praktiziert sie doch eine durchaus produktive Form der Gleitzeit, zu der sie sich – warum eigentlich? – nicht bekennt. So zum Beispiel bei einer Durchsage vor der Einfahrt in den Hauptbahnhof Frankfurt, für die sich der Zugbegleiter eine Beförderung verdient hat: „Die Verspätung beträgt derzeit 5 Minuten. **Wegen** dieser Verspätung erreichen Sie alle Anschlüsse in Frankfurt Hauptbahnhof." An ähnlich attraktive Offerten muss Oscar Wilde gedacht haben, als er feststellte, dass ihm die Pünktlichkeit die beste Zeit stehle.

Neuerdings signalisieren die Fahrplanverantwortlichen der Deutschen Bahn jedoch, die Zeichen der Zeit erkannt zu haben und darin eine Herausforderung für das Zeithandeln zu sehen. Spät, aber nicht zu spät haben sie erkannt, dass ihr ehrenwertes, aber immer auch vergebliches Bemühen, den Zugverkehr durch Beschleunigung oder Verdichtung fahrplankompatibel zu machen, zum Scheitern verurteilt ist. Nachdem inzwischen auch dem letzten Bahnkunden klar wurde, dass Pünktlichkeit, wie eine sündenfreie Existenz, eine das Leben ärmer und karger machende Illusion ist, scheint die Nachdenklichkeit in den oberen Entscheidungsgremien der Deutsche Bahn AG zu wachsen. In der Konsequenz führte das zu Zeitzugaben bei der fahrplanmäßigen Reisedauer und dazu, den Zeitangaben in den Fahrplänen „nur" den Charakter von Empfehlungen zuzuschreiben. Der Bahnjargon spricht bei den Zeitpuffern von „Watte" und meint damit Zeitreserven, die störende Witterungsbedingungen, Streckenreparaturen oder andere, nur begrenzt kalkulierbare und beeinflussbare Ereignisse und Geschehnisse bei den Zuglaufzeiten berücksichtigen. So dauert die Zugfahrt von Hamburg nach Berlin heute sechs Minuten länger als vor fünf Jahren und von München nach Hamburg ist der Zug sogar neun Minuten länger unterwegs.

Mehr „Luft“ im Fahrplan, ein atmender Zugverkehr, das verschafft den Passagieren und auch dem Bahnpersonal die Chance, ab und zu mal wieder zum Durchatmen zu kommen. Darüber hinaus akzeptieren die Bahnverantwortlichen inzwischen, was außer ihnen ihre Kunden schon lange wussten, dass sie die Probleme mit der Pünktlichkeit, die sie über Jahrzehnte vergeblich zu lösen versucht hatten, selbst geschaffen haben. Erinnerten sie bei ihren Jahr für Jahr wiederholten Neujahrsversprechen „im neuen Jahr pünktlicher zu werden“, deren Scheitern vorhersehbarer sind als jeder Januarfrost, doch sehr an den oft zitierten Feuerwehrmann, der Brände legt, um sich bei deren Bekämpfung anschließend heroisch zu bewähren.

Kurz und bündig

Die Gehorsamkeitskultur, auf die sich die Mitglieder der Uhrzeitgesellschaft bisher verlassen konnten, gerät unter Veränderungsdruck. Von den steigenden Ansprüchen nach mehr Flexibilität unter Druck gesetzt, verlässt die Uhr – nicht immer freiwillig – den bisher angestammten Herrschaftssitz der Zeitorganisation. Das lässt die bürgerliche Tugend der Pünktlichkeit nicht unberührt. Viele, die ihr bisher folgten, sind unsicher geworden, ob es vernünftiger ist, ihre Ansprüche weiter zu erfüllen oder sie des Öfteren zugunsten größerer Flexibilität zu ignorieren. Das sind Zweifel, die einem von der konkreten Situation unabhängigen Pünktlichkeitsverhalten, das vom Uhrzeit-Denken vollgesogen ist wie das Löschblatt mit Tinte, den Boden entziehen.

Nach einem inzwischen ein halbes Jahrtausend andauernden, durch Versuch und Irrtum vorangetriebenen Prozess der Veruhrzeitlichung wächst die Einsicht, dass es eine Zeitexistenz jenseits des Uhrzeigergehorsams gibt und dass es im Leben um Wichtigeres geht als um pünktliches oder unpünktliches Erscheinen und um die zu frühe oder zu späte Ankunft eines Zuges. Zum Beispiel, was die alten Griechen ihren Bürgern bereits empfohlen haben: zum rechten Zeitpunkt am rechten Ort zu sein. Es ist vor allem die Zeitnatur des Menschen, die ihn lebendig machende Triebhaftigkeit, die die Pünktlichkeitsanforderungen und Pünktlichkeitserwartungen zu einem nicht lösbaren Dauerproblem für ihn machen. Die biologische Zeitnatur wehrt und sträubt sich gegen die Zumutung, unablässig Krieg gegen die eigene Biologie führen zu müssen. Die Verpflichtung zur Pünktlichkeit, die wie der Zeiger zum Ziffernblatt der Uhr gehört, ist in allererster Linie die Verpflichtung und die Verurteilung zu unaufhörlicher zeitlicher Selbstkontrolle. Sie führt in ihrer Konsequenz zu einem Dasein vergleichbar einer „lebenden Registratur“ (Tucholsky).

Pünktlichkeit kostet Kraft, macht einsam, zehrt an den Kräften der Betroffenen und lässt sie immer so verhetzt aussehen. Wohin es führen kann, wenn man Zeit nur mehr als eine quantifizierbare Größe kennt und Pünktlichkeit situationsunabhängig verpflichtend macht, kann man sich in dem Film *Clockwise* ansehen. In diesem entgleist ein stets pünktlicher Schuldirektor, dessen Pünktlichkeitswahn vermuten lässt, er sei mit einer Uhr am Arm zur Welt gekommen, in dem Augenblick völlig, als er in seinem Leben erstmalig einen Zug verpasst. Pünktlichkeit und ein gutes Leben, beides lässt sich schwerlich miteinander vereinbaren. Jenen, die daran zweifeln, kann man nur raten, ihr Tun und Lassen an einer Maxime Goethes auszurichten, die in deutschen Schulbüchern – über die Gründe kann man nur spekulieren – nirgends auftaucht: „Ein bisschen früher oder später, das tut doch in der Welt nichts.“

Und dann muss man ja auch noch Zeit haben,
einfach da zu sitzen und vor sich hin zu schauen.

(Pippi Langstrumpf)